医師のつくった

「頭のよさ」テスト

認知特性から見た6つのパターン

本田真美

JN264825

光文社新書

プロローグ

「頭がいい」とはどういうことか

「頭のよさ」には六通りある——。こういうと、驚かれるでしょうか。

誰しも頭のいい人に憧れ、人と比較しては落ち込み、「なぜこんなにうまくいかないんだろう」と頭を抱え込んだ経験があることでしょう。失敗するたびに、一度ミスしたことを繰り返してしまう自分が歯がゆく感じ、自己嫌悪に陥ることもしばしばです。

場合によっては、失敗を招くことに頭の片隅ではうすうす気づいていることすらあります。そんなときは、「頭の悪さ」ではなく、楽観的で大ざっぱな性格上の問題かとも考えてしまいます。

みなさんご存じのように、性格にはさまざまなタイプがあります。自分に合う人、合わない人がいて、合う環境、合わない環境があります。同じように、「頭のよさ」にもタイプがあるのです。

それなのに、世間での「頭のよさ」は、たった一つの理想像が基準になっているように思われます。

では、そういった世間一般での「頭のよさ」とは何でしょうか。

もしあなたにお子さんがいらっしゃるなら、周りの子どもと比較してテストの点がよかったり、何かを早く習得できたりすることで「頭のよさ」を計っていませんか。これはしょせん周りを基準にした見方であり、「勉強ができる子」にしかなりません。

学生になると、教科書に書いてあることを読んで覚え、教師から「やりなさい」と言われた課題をきちんとこなし、目的に向かって計画を立て、集中して勉強をした人がテストで高得点をあげ、「頭がいい」「かしこい」と持ちあげられます。

しかし、いったん社会に出てしまうと、成績のよいことが「頭のよさ」につながらないことを思い知るでしょう。

社会では、絶対の解答や解き方のない課題がたくさん待っています。過去にない新しいプロジェクトを考えたり、リスクマネージメントをしたり、立場の違う相手を説得したり、上司や部下などの人間関係に気をつかったり……。

では、社会人になってからの「頭がいい人」とはどのような能力を持っている人なのでしょうか。

「要領のいい人」「アタマの回転が速い人」「コミュニケーション力が高い人」「気遣いができる人」「集中力が高い人」「努力ができる人」など、さまざまな答えがあげられます。

でも、これらの答えに違和感はないでしょうか。たとえば、「要領がいい」というのは褒《ほ》め言葉かもしれませんが、場合によっては皮肉めいたニュアンスもあります。

「コミュニケーション力が高い人」が頭のいい条件ならば、それが低い人は頭が悪いことになります。私の知り合いで、人づき合いが苦手なエンジニアや研究職、技術職の人たちがいますが、彼らの仕事は尊敬に値するすばらしいものです。

「集中力が高い人」や「努力ができる人」も、すべてのものに集中力と努力を持って挑んでいるわけではないでしょう。どんな人でも、自分のモチベーションが持てるものに対しては高い集中力を発揮するでしょうし、努力もするでしょう。

社会に出ると、学歴や偏差値など関係なく「頭がいい人」がたくさんいます。それらの人を見て私は、「一人ひとりに生まれながらに備わっている資質や能力を最大限に活用できる人」こそ、真に頭のいい人ではないかと考えるようになりました。そして、そのような人になるには自分の「認知特性」を知ることがカギになることに気がついたのです。

人にはそれぞれ「認知特性」がある

認知特性とは、神経心理学の分野ではよく使われる言葉です。ひと言でいうと、「外界からの情報を頭の中で理解したり、記憶したり、表現したりする方法」です。同じことを聞いても、誰もが同じように理解するわけではありません。同じ結論を持っていても、同じように表現するわけでもありません。人には生まれ持った思考や認知の好みがあるのです。このことを私は恩師であるどんぐり発達クリニック・院長の宮尾益知先生から学びました。

認知特性は、大きくは三つのタイプにわかれます。あなたは（あるいはあなたのお子さんでもかまいません）、次のうちどれに当てはまるでしょうか。

A　子どもの頃、悩まずに絵を描き上げられた
↓「見た情報」を処理するのが得意（視覚優位者）

B　子どもの頃、読書感想文を苦もなく書き上げられた
↓「読んだ言葉」を処理するのが得意（言語優位者）

C　子どもの頃、合唱やカラオケで上手にハモれた（メイン旋律に別の音階を重ねること）

↓「聞いた情報」を処理するのが得意（聴覚優位者）

人間は情報の八〇％以上を視覚から得るといわれています。しかし、同じものを見ていても、見たものを写真のように認知する人（A）、言語に置き換えて認知する人（B、C）がいるのです。

私の専門は小児発達です。外来には自閉症や注《ちゅう》意《い》欠《けつ》陥《かん》多《た》動《どう》障害、学習障害、あるいはチック症や不登校、うつなどの子どもたちが毎日訪れてきます。

私は「認知特性」を意識し始めた頃から、家族はもちろん、親や友人、毎日外来に訪れる数多くの患者さんとご両親を観察するようになりました。そして、認知特性はさらに次の六つにわかれるという結論を得ました。

A　視覚優位者

①写真のように二次元で思考するタイプ

②空間や時間軸を使って三次元で考えるタイプ

B　言語優位者

③文字や文章を映像化してから思考するタイプ

④文字や文章を図式化してから思考するタイプ

C　聴覚優位者

⑤文字や文章を、耳から入れる音として情報処理するタイプ

⑥音色や音階といった、音楽的イメージを脳に入力するタイプ

たとえば、私の夫と息子は二人とも視覚優位者ですが、考え方や表現方法は異なります。夫は類をみない方向音痴でクルマを運転していても道に迷うことが多く、助手席の私はいつもイライラさせられます。一方、息子は一度行った場所を非常によく覚えています。同じ視覚優位者でも、この差はなぜ生じるのでしょうか。

それは、夫は二次元の世界での視覚情報入力が得意で（①タイプ）、息子は三次元、つまり奥行きがある世界での視覚情報入力が得意だからです（②タイプ）。

家の近所ですら道に迷う夫は、以前、私にこう話しました。

「行った場所はすべて写真のように記憶しているけれど、一枚の写真の横にどの写真がくる

のかがわからないから、左右どちらに行けばいいのかわからなくなるんだ」

　一方、息子は頭の中で画像を回転することができる三次元タイプなので、「家から駅までの道を教えて」と言うと、「家を出て、左に曲がって、まっすぐ行ったら信号があって、そこを右。ポストを通り過ぎて、踏切の前の横断歩道を渡って……」と、いま現在歩いているかのように細かく説明することができるのです。

　また、息子が三歳のとき、「花火は横から見るとどうなっているの？」と尋ねられました。私はそれまで、花火の奥行きなど考えたこともなく、むしろ、花火を二次元的にしかとらえていませんでした。そうです、多くの花火は夜空では球体で、どこから見ても同じように丸い円で見られるのです。花火をはじめて見たときからその奥行きに興味を持った息子は、まさに三次元タイプなのです。

　夫も息子も絵を描くのが好きですが、ここでも違いが生じます。夫は美術を専門的に学ぶようになってから奥行きがとらえられるようになったと言いますが、息子は幼い頃から奥行き感のある絵を描いていました。同じ視覚優位者でも、このように異なるのです。

認知特性がすべての能力を左右する

では、なぜ認知特性を知ることが「頭のよさ」につながるのでしょうか。それは、認知特性はほかのさまざまな能力と連動しているからです。

人はおのずと、自分の認知特性を活かした職を選んでいるものですが、さらに評価されるには、自分の得意な能力を発揮し、不得意な能力を補《おぎな》えるようにしなくてはなりません。

そういった「能力の伸ばし方」にも、認知特性のタイプごとに向き不向きがあるのです。それを見極めないと、自分に合わないムダな努力の仕方を選んでしまったりし、そもそも努力するモチベーションを保つこともできません。

たとえば、タクシーの運転手が道に迷っていたら仕事になりません。道に迷わないためには視覚による認知特性が高い人のほうが有利です。空間認知力が高い人も多いので、車幅感覚がつかみやすく、狭い道での運転や車庫入れも上手でしょう。

しかし、視覚による認知特性が高い人の中には、話下手な人が少なくありません。そこで、「社会性」や「創造性」「柔軟性」などさまざまな能力を伸ばすことにより、違う領域に属する不得意なことを補てんできるのです。

本書では、認知特性とは何か、認知特性と個人が生まれながらに備わっている能力との関係について医学的に解説し、どう能力を発揮すべきかを探っていきたいと思います。

まず第一章では、さまざまな能力を獲得していく過程を、子どもの発達を通して考えてみます。あらゆる能力のベースとなるのが、目、耳、鼻、口、手触りなどの感覚器から入ってくる「感覚」であり、それが個性とともにどのように成熟していくのかを説明します。

第二章では、認知特性テストを解説し、自分が得意とする感覚は何なのか調べてみましょう。

第三章では、それぞれの認知特性に合った記憶術について、また、さまざまな能力と認知特性の関係について分析します。

第四章では、仕事や対人関係にどう認知特性を活かすか、実践的なアドバイスをお教えいたします。

「頭がいい」と言われたり、何かに秀でている人は二つ以上の認知特性を持っています。そこで第五章では、得意な認知特性や能力を増やすにはどうすればいいのか、それらを鍛えていくにはどうすればいいのかを考えていきます。

なお、個人の中で認知特性はオーバーラップしている部分もあり、「絶対にこのタイプ」

とはっきり線引きできるものではありません。六つのタイプがバランスよく備わっている人もいますし、状況に応じて重複している特性を使いわけている人もいます。もちろん、どんな場においても一つの特性だけを使っている人もいます。

自分には一体どんな特性があるのか？　そして、自分に合った能力の伸ばし方とは？　これらを知ることから、「頭のいい人」になる方法を見いだせることでしょう。

自分のことだけではありません。もしお子さんをお持ちでしたら、早い段階から子どもの特性を知ることで得意分野に気づいてやることができるのです。

まずは、幼少時代の記憶を含めた35の問いに答えることから始めてみましょう。

認知特性テスト
（本田35式認知テスト）

次の質問から自分に近い選択肢を一つ選び、○をつけてください。

問1（記憶方法）初対面の人を覚えるときのポイントは何ですか？

A 顔や雰囲気で覚える
B 名刺の文字で覚える
C 名前の響きから覚える

問2（表現力）自宅に人を招くとき、道順をどうやって説明しますか？

A 地図を書いて渡す
B 近くまで来てもらい、電話でそこから何が見えるかを手がかりに道順を伝える
C 事前に言葉（メールなど）で道順を説明する

問3（視覚記憶力）初対面の人の顔をどの程度覚えていますか？

A すぐに顔を覚えることができ、しっかりと思い出せる
B 眼鏡をかけているといった特徴などは覚えている
C 眼鏡をかけていたかどうかすら覚えていない

問4（聴覚記憶力）初めて聞いた曲を、すぐに口ずさめますか？

A どんな曲でも途中からでもメロディを口ずさめる
B 簡単な曲、あるいはサビの部分ならメロディを口ずさめる
C まったく口ずさめない

問5 （聴覚認知力）テレビをつけながらの会話について伺います。

A テレビがついていても、問題なく会話できる
B テレビを消すか、音を小さくしてもらう
C どちらもといえない

問6 （思考方法）スーパーマーケットで1週間分の食料を買い出しにいくときを想像してください。

A 買う商品のイメージを思い浮かべる
B 商品がどこの売り場に置いてあるか思い浮かべる
C 買う商品の名前をすべてメモする
D「人参は㋥」というように商品の頭文字を覚える

問7 （聴覚認知力）それほど親しくない人からの電話があったとき、あなたは？

A 相手が誰だかすぐにわかる
B 話し始めるとわかる
C わかるまでに時間がかかる、またはわからない

問8 （保存記憶）記憶について伺います。

A 3歳以前の記憶がいくつかある
B 4歳以降の記憶がもっとも古い
C 最近の記憶しか思い浮かばない

問9 （保存記憶）一番古い記憶の映像をイメージしてください。

A 自分の目から見た記憶で、その場面に自分はいない
B その場に自分がいて、客観的に見ている
C わからない

問10 （聴覚表現力）モノマネは得意ですか？

A 人の動作のマネも声マネも得意
B 人の動作の特徴は何となく思い浮かぶ
C 特徴をつかむことができない

問11 （思考方法）1分間で野菜の名前をできるだけ多くあげてください。

A 野菜の写真やスーパーマーケットの野菜売り場をイメージして名前をあげた
B 五十音で野菜の名前を思い出しながらあげた

問12 （記憶方法）ドラマや映画を観たあと、友人と評論するときをイメージしてください。

A シーンを写真のように止まった画像、あるいは画像をコマ送りにして思い出しつつ評論する
B シーンを映像そのもので思い出しながら評論する
C 登場人物のセリフを思い出しながら評論する
D 音や挿入歌からシーンをイメージして評論する

問13 （視覚認知力）以前一度だけ行ったことのある場所にもう一度で行くとすると？

A すぐに道順がわかり、迷うことなく目的地までスイスイ行ける
B 大きな目印となる場所は覚えているが、次に進む道は曖昧である
C もう一度道を調べ直すか、誰かが道案内してくれないと行かれない

問14（視覚認知力）**文字を学習したときのことを思い出してください。**

A ひらがな、カタカナ、漢字は苦労せずに覚えた
B ひらがな、カタカナよりも漢字のほうが覚えやすかった
C 文字の形は覚えられたが、書き順はなかなか覚えられなかった
D 文字を覚えるのに苦労した

問15（思考方法）**「フランシスコ・ザビエル」と聞いたとき、何を思い浮かべますか？**

A「フランシスコ・ザビエル」という文字
B 何となく「フランシスコ・ザビエル」のようなぼやけた人物像
C 教科書に載っていた「フランシスコ・ザビエル」の写真
D おもしろい、あるいは言いづらそうな名前（響き）だな〜と思った

問16（記憶処理）**気がつけば携帯電話が見当たらない。さて、あなたはどのように探しますか？**

A 自分の足取りを順々にイメージ映像として思い浮かべて探す

B　それまでの自分の足取りを言葉にしながら、記憶をたどる
C　最後に携帯電話を見た場所を、写真のように思い浮かべる

問17　（記憶方法）学生時代を振り返ってください。教科書を暗記するとき、あなたはどうやって暗記していましたか？

A　文章を書き写す
B　全体をじっと見る
C　重要部分にマーカーで線を引く
D　何度も黙読する
E　何度も音読する

問18　（視覚記憶力）合コンで自己紹介したあとのことを思い出してください。

A　すぐに全員の名前と顔が一致する
B　名前は覚えにくいが、顔や洋服の特徴を見つけて覚えていく
C　名前は覚えられるが、席が移動するとわからなくなる

問19　（記憶方法）次に、合コンの翌日のことを思い出してください。

A　参加者全員の顔と名前を思い出せる
B　名前は思い出せないが、参加者全員の顔は思い出せる
C　顔はうろ覚えだが、名前は全員いえる
D　名前は名刺の文字で思い出す、または、名前も顔も思い出しにくい

問20 （固執性）収集について伺います。

A 大金をはたいてでもいろいろなモノを集めたいコレクターである
B ペットボトルについているようなおまけやストラップくらいなら、全種類集めてもよいと思う
C コレクターの気持ちがわからない

問21 （視覚処理力）機械操作について伺います。

A 取扱説明書なんか読まなくてもできる
B 取扱説明書を読みながらやる
C 取扱説明書を読むとよけいにわからなくなるので、とりあえずやってみる

問22 （空間認知力）マンションの物件探しをしているときのことを想像してください。

A 間取り図を見ただけで、その場に立っているような感覚になる
B 間取り図を見て、何となく部屋の想像がつく
C 間取り図を見ても、どのような部屋なのかまったく想像できない

問23 （推論方法）難しい本を読んだときのことを思い出してください。

A 本の内容を人間関係や出来事などにわけて、頭の中でまとめながら理解する。難しい内容でもそれほど苦にならない。
B 本の内容にそったイメージを映像にして理解している
C 難しい文章の本は読まない

問24（創造嗜好）子どもの頃好きだった遊びについて伺います。

A 歌や「アルプス一万尺」などの手遊び歌
B お人形遊びやヒーローごっこなど、場面を空想しながら遊ぶこと
C カルタやしりとりなどの言葉遊び
D 昆虫採集やキャラクターもの集めなど

問25（視覚認知力）友人の顔を思い出してください。

A 笑った顔や怒った顔、真顔などいろいろな表情を鮮明に思い出せる
B 笑った顔あるいは真顔など、その人がよくしている表情しか思い出せない
C よく知っている友人の顔も、思い出すとなると曖昧になる
D 写真で見た顔を思い出す

問26（処理嗜好）授業中にノートをとっていたときのことを思い出してください。

A 授業中、あるいは教科書の内容をノートをまとめるのは得意だった
B 要点やキーワードしかノートに書かなかったし、要点以外はノートに書く必要がない
C 授業内容にそったイメージイラストをノートに付け加えたりしていた
D ノートをまとめるのは苦手で、黒板や教科書の手本通りにとりあえず書いていた。あるいは、ノートのすみに落書きをしていた

問27（言語創造力）ことわざについて伺います。

A その場にあった格言やことわざ、言い回しがすぐに思い浮かぶ
B 何となくイメージはわくものの、正しく表現できない
C 格言やことわざ、難しい言い回しは使わない

問28 （聴覚認知力）ダジャレについて伺います。

A ダジャレをいうのが得意
B ダジャレはいわないが、いわれればわかる
C ダジャレはいわないし、いわれても説明されないと気がつかないことも多い

問29 （視覚創造力）朗読を聞いたときのことをイメージしてください。

A 朗読を聞くだけで、情景が頭に浮かびやすい
B 朗読よりも、自分で本を読んだほうがわかりやすい
C 朗読や本を読むことより、映画や芝居を見るほうが好き

問30 （言語操作力）外国語を学ぶとき、あなたはどうしますか？

A 読むより聞いて覚えるラジオ講座派
B 文法からきちんと学ぶ教科書派
C 外国人と話して学ぶ実践派
D どれも苦手

問31 （聴覚認知力）テレビ番組のテロップについて伺います。

A　わかりやすい。あるいは、テロップがあったほうがおもしろい
B　わかりにくい。あるいは、ないほうがいい
C　どちらでもない

問32　（聴覚認知力）絶対音感（音を聞いてどの音階かすぐにわかる）について伺います。

A ある
B ない。または、わからない

問33　（聴覚認知力）遠くから救急車のサイレンが聞こえてきたとき、あなたは、

A　サイレンがする方向も、近づいているのか遠ざかっているのかもわかる
B　方向はわかるが、近づいているのか遠ざかっているのかはわからない
C　サイレンが近づかないと方向もわからない

問34　（思考方法）何かを決定するとき、あなたは、

A　直感的に決めることが多い
B　いろいろな状況を想定してから決める
C　どちらともいえない

問35　（言語操作力）人を説得するとき、あなたは、

A　理論立てて、順序よく話すことができる
B　最初から身ぶり手ぶりを使って話すが、本題からそれることも多い
C　最初に結論をいい、あとから補足的に説明をするが、要点が抜けることもある

点数表

解答が当てはまる選択肢に○をつけ、縦に数字を合計してください。

（選んだ解答によっては、複数の欄に○がつく場合があります。たとえば、問１でＡと答えた場合、①の欄に２点、②に２点、③に１点が加わります）

	①	②	③	④	⑤	⑥
問１	A 2	A 2	A 1	B 2	C 1	C 2
問２	A 4	B 2	C 4	A 2	C 2	C 1
問３	A 4	A 2	B 1	C 2	C 2	C 2
問４	C 1	C 1	B 2	B 1	B 4	A 4
問５	C 1	C 1	B 1	B 2	B 4	A 4
問６	A 2	B 2	B 1	C 4	D 2	D 2
問７	C 1	C 1	B 1	B 1	A 2	A 4
問８	A 2	A 2	B 2	C 2	B 1	B 1
問９	A 2	A 4	B 2	B 1	C 1	C 1
問10	C 1	B 2	B 2	C 1	A 2	A 4
問11	A 4	A 4	A 1	B 2	B 4	B 4
問12	A 4	B 4	C 4	C 1	C 2	D 4
問13	B 2	A 4	A 2	B 1	C 1	C 1
問14	C 2	B 2	A 2	A 4	A 2	D 0
問15	C 2	C 2	B 1	A 4	D 1	D 2
問16	C 2	A 2	B 2	B 1	B 1	B 1

	①	②	③	④	⑤	⑥
問 17	B 2	B 1	A 2	C 4	D 2	E 2
問 18	B 2	B 2	A 2	C 2	C 1	C 2
問 19	B 2	B 2	A 2	D 2	C 2	C 2
問 20	A 2	A 1	B 1	C 0	C 0	C 0
問 21	A 2	A 2	B 2	B 2	C 0	C 0
問 22	B 2	A 2	A 2	B 1	C 0	C 0
問 23	C 0	C 0	B 4	A 4	A 2	C 0
問 24	D 1	B 4	B 2	C 1	C 2	A 2
問 25	D 2	A 2	A 1	B 1	C 0	C 0
問 26	D 2	D 2	C 4	A 4	B 2	B 1
問 27	C 1	C 1	A 2	B 1	A 1	B 1
問 28	C 1	C 1	B 2	B 1	A 4	A 2
問 29	C 1	C 1	A 2	B 2	A 1	A 1
問 30	D 1	D 1	B 1	B 2	C 2	A 2
問 31	A 2	A 1	C 1	A 2	B 4	B 2
問 32	B 0	B 0	B 0	B 0	A 2	A 4
問 33	C 0	C 0	B 1	B 1	A 2	A 4
問 34	A 2	A 2	C 1	B 1	B 2	C 0
問 35	C 2	C 1	B 2	B 1	A 2	B 1
合計						

①〜⑥までの縦の合計をそれぞれの軸に記入し、線で結んでください。

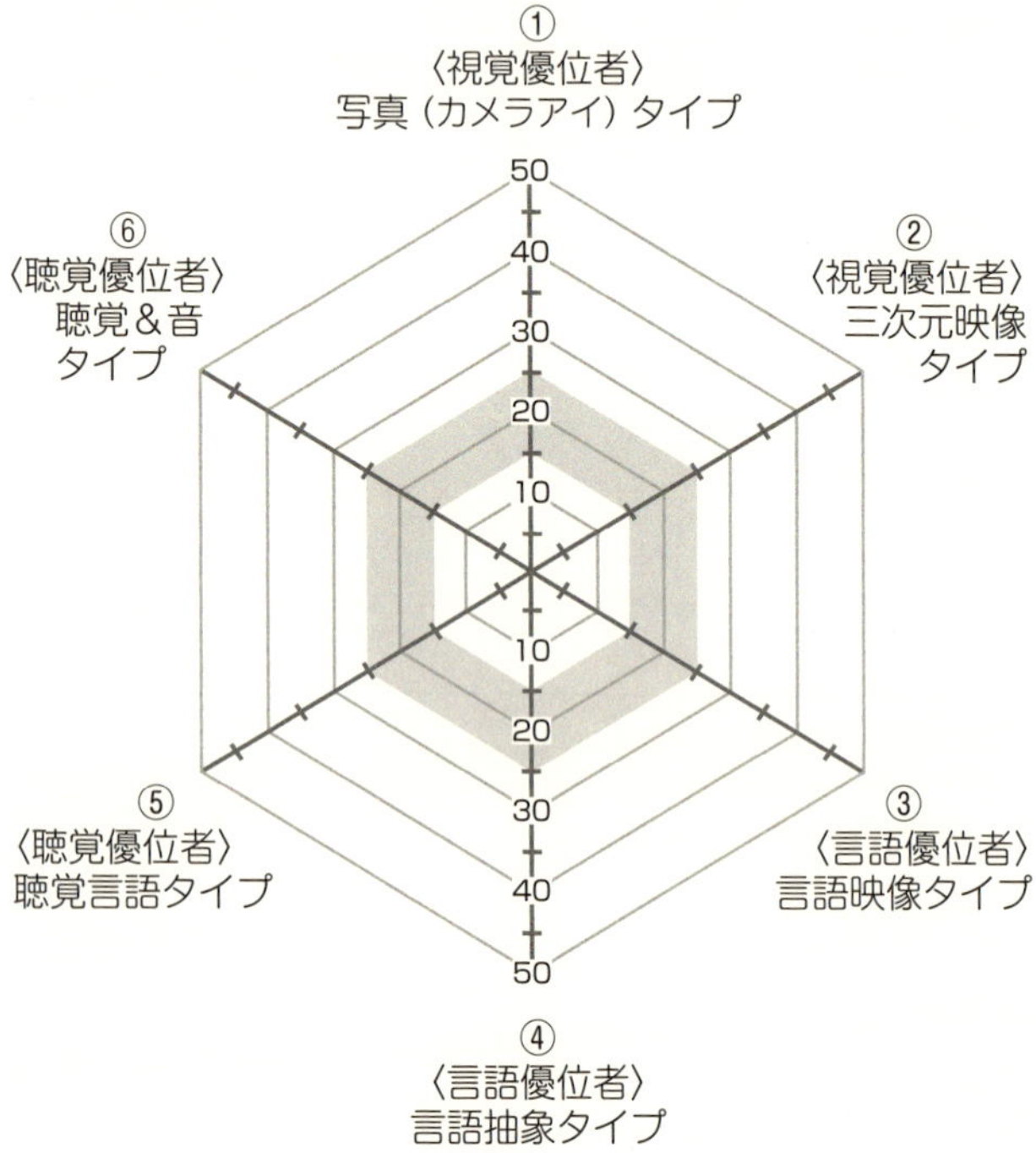

点数が14以下は弱い認知特性です。15〜25（グレーゾーン）は一般的で、26以上は強い認知特性です。15〜25で各認知特性が配置されているのならば、すべての認知特性のバランスがいいといえます。

26以上の認知特性がある人は、その能力が特化しているので、それを活かした職業に就くと能力が発揮されます。

目次

プロローグ　3

第1章　人にはどうして得手不得手があるのか　35
感覚がすべての能力のベースとなる

第4章 どうしたら社会で自分を活かせるのか

編集協力／葉月社
帯写真撮影／川村 悦生
本文イラスト／里見 佳音

第1章

人にはどうして得手不得手があるのか

感覚がすべての能力のベースとなる

能力のベースになるものは何か

小学校に上がる前、駅名やクルマの車種がスラスラいえたため、大人から「天才⁉」と言われた経験はありませんか？

また、そのような幼い子どもを見て、「この子、天才かも？」と思ったことはありませんか？

一方、ほかの子どもと比べてできないことが多すぎる子どもを見ると、「何か障害があるのではないか」と不安になったことがありませんか？

私は小児科医ですが、特に小児の脳や神経、筋肉の病気、発達が専門です。生まれたときから難病を抱える子ども、自閉症や注意欠陥多動障害といった発達障害を抱える子どもの診断や治療、リハビリテーションが主な仕事です。

クリニックにやってくる子どもは、それなりの理由があって私の診察室に連れてこられます。首がすわるのが遅い、歩くのが遅い、なかなか話さない、こだわりが強い、お友だちとうまく遊べない……。

病院なので当たり前なのかもしれませんが、相談内容は「○○ができない」「○○が苦手」といったネガティブな内容ばかりです。

しかし、「天才」と思われる子どもも「問題がある」と思われる子どもも、小児発達医の私から見れば、その内容はごく当たり前といえるものが多いのも事実です。

なぜなら、人は発達段階を飛び越えることなく、階段を一段一段上るように発達していくからです。親は自分の思いや期待を超えた子どもの成長に気づいたとき、「天才かも⁉」と驚き、同年代の子どもたちと比べてわが子の成長が芳《かんば》しくないときに「問題があるかも……」と悩むのです。

人は能力をどのように獲得していくのか。それは、子どもの発達から説明することができます。

発達は「知的発達」「運動発達」「社会性発達」の大きく三つにわけられます。「発達」とは、その子どもの生活年齢における「能力」といえますので、ここからは能力という言葉に置き換えてお話ししましょう。

まず、知的能力とは色や形がわかる、数を操作する、積み木やパズルを組み立てる、あるいは経験的な知識力といった、いわば学校での学習に直結する「認知能力」のことです。

運動能力には、歩いたり、走ったり、ジャンプしたりといった「粗大運動」、字を書く、ハサミを使うといった手先の「巧緻《こうち》運動（微細運動）」があります。

社会性能力には、他者を認識して人見知りをする、あるいは同年代の子どもと協力し合って仲良く遊ぶといった「社会的行動」のほか、衣服を着る、トイレで用を足すといった基本的な「生活習慣能力」、言葉を理解したり話したりする「言語能力」が当てはまります。

このほかにも、より高次な脳の機能として「注意集中力」「記憶力」「感情のコントロール」なども年齢相応に発達を遂げていきます。これらのすべてがバランスよく発達し、うまく統合して絡み合わないと、一つひとつの能力が十分に発揮できません。

そして、これらすべての能力のベースとなるのが「感覚」なのです。

能力が成熟する順番とは

「すべての能力のベースは感覚にある」と述べましたが、「自分のからだを正しく認識する」ことが能力を鍛える第一歩となります。専門的には「ボディイメージの獲得」といいます。

生後二カ月くらいの赤ちゃんが仰向けになりながら、しきりに自分の手を眺めたりします。手を自由に動かせるようになると口に持っていき、指しゃぶりが始まります。これこそが、ボディイメージの獲得の始まりです。自分のからだの一部である目や手、足、口をフルに使って、自分のからだというものを認識しようとするのです。

自分のからだを認識するには、「固有覚」「前庭覚《ぜんていかく》（平衡感覚《へいこうかんかく》）」「触覚」という三つの感覚が基礎になります。

「固有覚」や「前庭覚」は聞きなれない言葉かもしれませんが、「固有覚」というのは、力加減や手足の位置、動きの感覚で、筋肉や骨、関節などから入る情報のことです。「前庭覚」とは、立っているのか寝ているのかといった自分のからだの位置やバランスの感覚で、主に耳の中にある感覚器から入る情報のことです。平均台を歩くときに必要な感覚といえばわかりやすいかもしれません。

それらの三つの感覚が「視覚」「聴覚」「嗅覚」「味覚」といったほかの感覚と脳内でうまく統合されて、運動能力や知的能力のベースができてくるのです。

つまり、何かを見たり（視覚）、聴いたり（聴覚）、触ったり（触覚）、あるいは動いたり（固有覚や前庭覚）したとき、それが何色で、どんな音量で、どんな手触りで、どれくらいの力加減が必要で、そして危険なのか、安全なのかといった情報をきちんと認識できてから、運動能力や知的能力が身についていくのです。

さらに、頭痛や腹痛を感じる、あるいは尿意・便意といった自分ではコントロールできない「内臓感覚」を意識できるようになると、食事や着替えなどの生活習慣能力が身につくようになります。

生まれたばかりの赤ちゃんが空腹になると泣くというのも内臓感覚によるものですが、それを自分の内臓からの感覚であると意識し、コントロールできるようになるのが能力です。

能力が成熟する順番は次の通りです。

①視覚、聴覚、触覚、嗅覚、味覚、固有覚、平衡感覚、内臓感覚などの感覚を獲得する
②姿勢やバランスを保つ能力、自分のからだをイメージし、見通しを立てて計画通り行動する能力が身につく
③形やモノ、数を認識する能力、そして注意、集中、自信、自己統制する能力が備わる

子どもは③の段階までが基礎としてしっかりと身について、はじめて教科学習のための土台ができるのです。

さて、この能力が成熟する順番ですが、じつは私たち大人にも影響を与えています。

仕事中に集中できないと思ったとき、つまり③の段階がうまく機能していないとき、姿勢が崩れていたりしませんか？　耳障《ざわ》りな音（聴覚刺激）や目に入る気になるもの（視覚刺

運動や勉強ができるようになるまでの順番

「固有覚」「前庭覚」「触覚」が人の能力の基礎となります（下段）。それに「視覚」「聴覚」「嗅覚」「味覚」といったほかの感覚と脳内でうまく統合されて（中段）、運動能力や知的能力のベースができるのです（上段）。

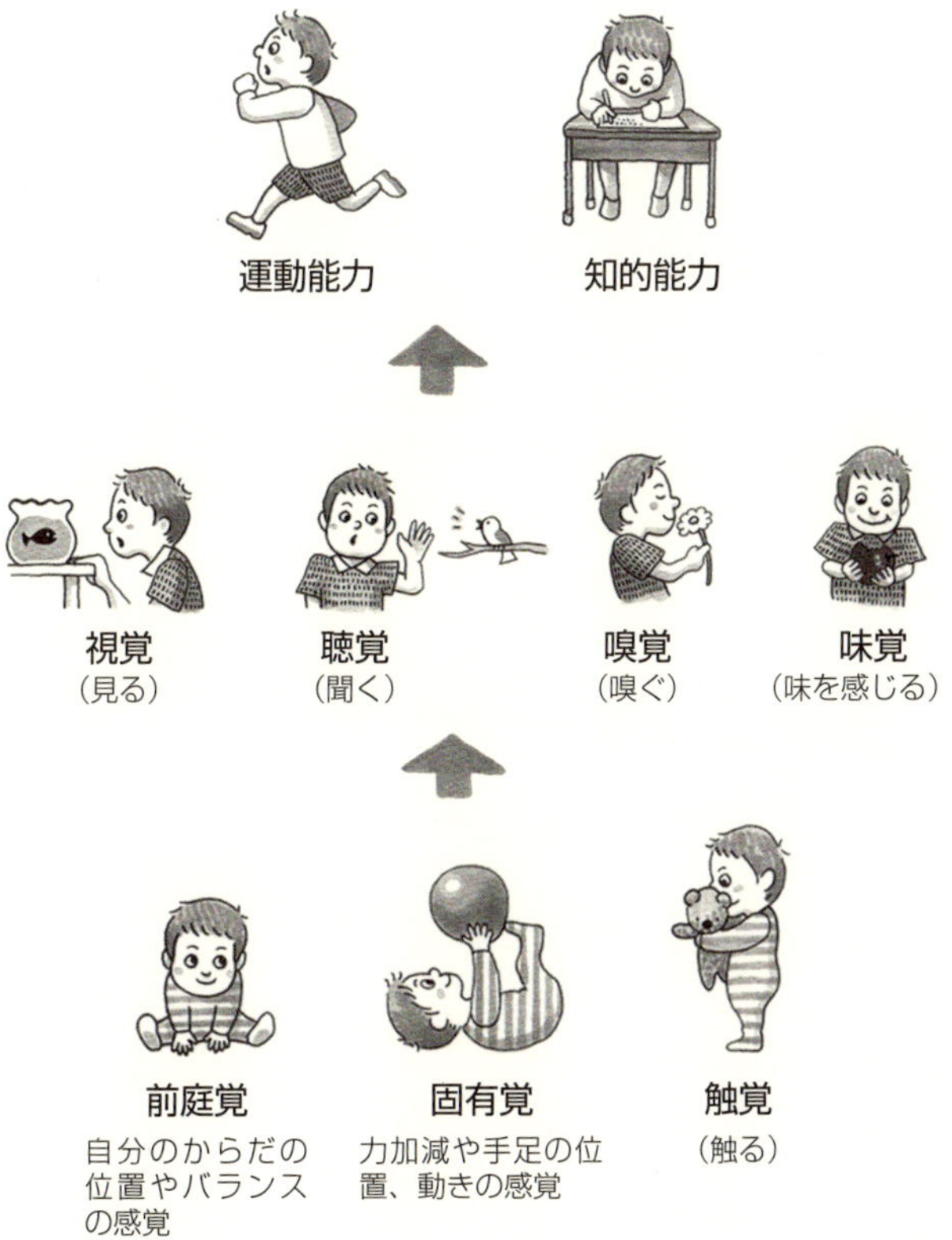

激）がありませんか？　室内の温度は快適でしょうか？

物事に集中できないときは、一度自分の姿勢や周囲の環境を点検してみましょう。また、しっかりモノを見る（視覚）、しっかり指示を聞く（聴覚）ということに気をつけるだけで、集中力が増すこともあります。

あなたの感覚は正常か

すべての能力のベースは感覚にあるのですが、では、あなたやあなたの子どもの感覚は正常なのでしょうか。

自分の感覚が正常なのか、異常なのか。これはじつは難しい問題です。なぜならば、どこまでが異常で、どこからが正常かというラインを引けないからです。

すべての感覚は、ボディイメージを獲得するために重要なものなのですが、自分の感覚は自分にしか理解できません。けれども、私たち専門家は目の前にいる子どもの感覚を、親からの聞き取りや子どもの行動を頼りに、客観的に評価しなければならないのです。

そこで私たちは、外界から入った刺激に対して、その情報を脳内で処理する際に使う一つひとつの感覚が敏感なのか、鈍感なのかという点に着目します。つまり、「感覚のバランス」

聴覚の偏りによる、気になる行動

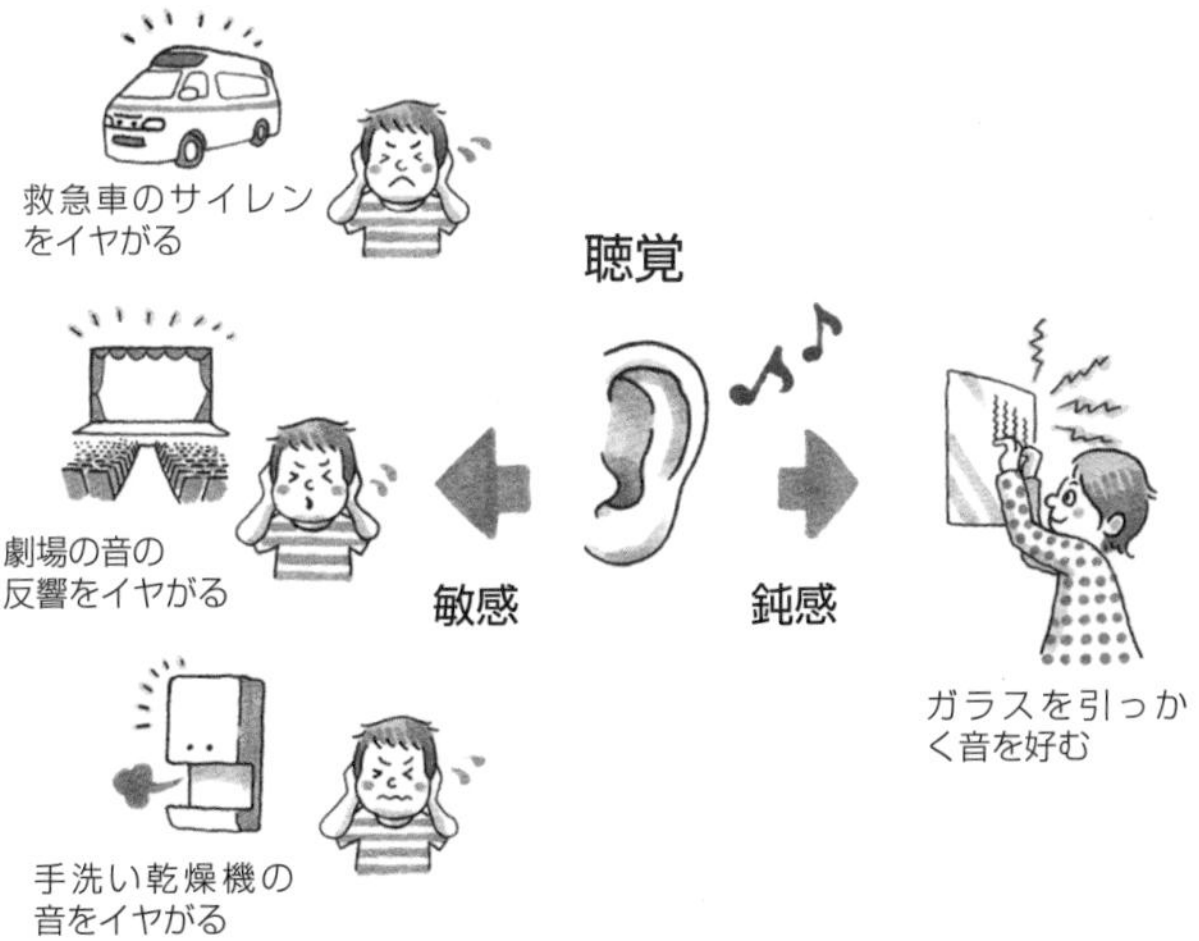

を見極めているのです。

「聴覚」を例にとってみましょう。

聴覚が「敏感」な子どもは、大きな音や特定の音、たとえば救急車のサイレンや赤ちゃんの泣き声をイヤがって耳をふさいだり、落ち着きがなくなったりします。大きな劇場では音の反響を怖がってホールの中に入れなかったり、公衆トイレに設置されている手洗い乾燥機の音を非常にイヤがったりすることもあります。

これらは多少大きな音かもしれませんが、ほとんどの人はそれほど嫌悪感を抱くことなく、脳内で処理できます。これが処理できないとき、過敏な状態になるのです。

逆に聴覚が「鈍感」な子どもは、誰もが嫌悪する黒板やガラスを指で引っかく音を好んだりして、その動作を繰り返します。これは、鈍感な自分の感覚に刺激を与えている行動でもあるのです。

気になる行動は感覚の偏りが原因

乳児健診をしていると、お母さん方から赤ちゃんの行動に関する相談を多く受けます。「夜なかなか寝ない」「おっぱいしか飲まず、ほ乳瓶をイヤがる」「抱っこをするとのけ反《ぞ》る」「バギーに座ると、回る車輪をいつも眺める」「手首や足首をグルグル回す」……。

じつは、これらの行動の裏にも、その子自身の感覚の発達が大きく関与しています。

夜なかなか寝ないのは、ホルモンバランスの発達も関与しますが、聴覚や触覚が敏感すぎるせいもあります。そのため物音や、寝ついたのでお母さんが抱っこからおろそうとする小さな刺激で赤ちゃんが起きてしまい、泣き始めてしまうのです。

ほ乳瓶をイヤがるのは、唇や口の中の触覚過敏があり、おっぱいや自分の指以外の触感のモノを口に入れることをイヤがっている可能性もあります。同じように、抱っこを好まないのも、抱かれることから生じる触覚刺激への抵抗かもしれません。

七〜八カ月の子どもが手首や足首をいつも奇妙にグルグル回すのは、自分の関節や筋肉の動きを確かめ、固有覚や前庭覚を発達させているためでもあります。「高い高い」に喜ぶ子どももいれば、顔を引きつらせてイヤがる子どももいます。これも、固有覚や前庭覚の入力の個人差によると思われます。

同じように、少し成長した幼児期でも、不思議な行動は多く見られます。乳児期に比べて各感覚は発達していきますが、その発達バランスに差が出るためです。

たとえば、視覚入力の偏りがあると、おもちゃを一列に並べて遊ぶ、ブロックを色わけして遊ぶ、扇風機《せんぷうき》のようにクルクル回るものや光の点滅を眺める、横目でモノを見る、寝転んで電車やクルマなどのおもちゃを目の間近で走らせるなどの行動があります。

触覚が敏感な場合は、過度なくすぐったがり、泥や糊《のり》といった特定の触感のモノをイヤがる、汚れるとすぐに手を洗いたがる、タオルなどを肌身離さず触って安心する、帽子をかぶりたがらない、髪をとかしたり歯を磨《みが》いたりするのをイヤがる、何でも口に持っていくなどの行動があります。

逆に鈍感だと、からだを触っても気づかない、注射やケガなどの痛みに強い、粘土や泥遊び、食べ物などをグチャグチャにすることを好む、よだれや鼻水が垂れていても気づかない、髪の毛をいつも触っている、指しゃぶりや爪噛《か》みの癖が直らない……。

味覚や嗅覚でいえば、偏食が激しい、味やにおいの違いに敏感、すぐににおいをかぎたがる、特定のにおいをイヤがることがあげられます。私が診察した子どもの中に、海に行くと吐く、スーパーの鮮魚売り場に行くと下痢をするというように、感覚刺激が別の身体症状として表れる子どももいました。

固有覚でいえば、歯ぎしり・爪噛みの癖がある、おもちゃの扱い方が乱暴、小さい動物にそっと触れられない、狭い場所、たとえば押し入れや布団のあいだに好んで入り込んで遊ぶ、自分や他人を強くつねったり、噛んだり、叩いたりすることもあります。筆圧が弱い、あるいは強すぎるという場合もあります。

前庭覚でいうと、転びやすい、数段の階段でも飛び降りられない、クルマに酔いやすい、すべり台やブランコ、トランポリン、ジェットコースターを極度に怖がる、逆に極度に好む、子どもなのにいつもダラダラと横になっているなどがあります。

感覚の偏りについてほんの一例をあげてみましたが、自分、あるいは子どもに当てはまるものもいくつかあるのではないでしょうか。

しかし、日常生活に支障がないのであれば、それは個人の感覚特性や個性と考えてよいのです。粘土遊びが好きではない子どもでも、幼稚園などの集団の場での粘土遊び活動は何とか参加できたり（本人は楽しくないかもしれませんが）、寝るときには指しゃぶりをしていても、学校では自分で気づいて抑制できたりすれば、偏りはあるけれども異常とまではいえません。

注：感覚の発達過程で起こる不可思議な行動は一過性で終わり、目立たなくなることが多いのですが、自閉症などの発達障害の子どもでは、異常な過敏性が強く表れたり、長く残る場合があります。

集中していると鈍感になる？

「授業中に集中力がない」。こんな理由で私の診察室を訪れる子どもは少なくありません。聴覚が敏感すぎると、校庭から聞こえる笛の音が気になったり、クラスメイトの咳払《せきばら》いや鉛筆の音で集中が途切れてしまうこともあります。

私自身も聴覚がやや敏感な傾向にあり、いまでも人と話をしているときにテレビやラジオがついていると、集中できなくなります。喫茶店では隣の席から聞こえる会話が気になり、途中で自分の話を忘れてしまうことさえあります。

では、子どもの頃も授業に集中できなかったかというと、じつはそうでもなかったのです。試験問題を解いている最中にも、周りの人の鉛筆の音や咳払いはまったく気になりませんでした。

しかし、問題をすべて解き終わったとたん、それらが異様に大きく響き出してイライラした経験が何度もあります。大人になったいまでも、子どもがアニメ番組を見ていても考え事をしている最中は何も気にならないのに、考え事が終わると急に音が大きく感じられて、注意をしたりします。

どうしてこのような差が生じてしまうのかというと、私が「短期集中タイプ」だからです。

感覚は人それぞれですが、そのときの集中度合いや意識、情動によって、同一個人の中においても、敏感になることも鈍感になることもあるのです。授業中に集中力がない子どもは、もともと集中力が持続しにくいうえに聴覚過敏があるため、周囲の音によって容易に集中力が途切れてしまうともいえます。

このように、感覚には個人個人で受け入れられる限界があり、それも状況によって変動するのですが、異常と正常の境界は数値化できず、非常に曖昧《あいまい》です。それゆえ、家庭や学校などの日常生活に弊害を来すときに「異常」と判断するしかないのです。

多くの子どもには感覚のアンバランスが少なからず存在しているのも事実ですが、そのアンバランスが大きく逸脱するものでなければ、専門家の治療を受けなくとも、日常でしっかりとバランスよく発達させることができます。ただし、親が感覚というものをバカにせず、発達の根底にある一番重要な礎であると意識していればですが……。

大人になってもジェットコースターが苦手な人

感覚発達から起こる不可思議な行動は、年齢を重ねるにつれ、五感を通して入力された感覚が脳内で統合・認知されていくために、表れにくくなってきます。しかし、バランスや好みというものは生まれ持っての特性として、人の得意不得意、あるいは嗜好《しこう》として残ります。

私はハンバーグをつくるのが苦手でした。それは、手が汚れるネチャネチャの感触が好きではないからだと気づいたのは、子どもと一緒に行った公園で泥遊びに抵抗を覚えたときです。また、若い頃からずっと、ジェットコースターにはお金をもらっても乗りたくありません。高いところも狭いところも苦手です。周囲の音が非常に気になり、イライラするときもあります。

私自身の感覚特性の偏りではありますが、家庭や仕事場での活動に支障を来すことはほとんどないので、異常とまではいえないと自分では理解しています。

普段から自分自身の感覚入力の特徴を意識していると、集中したいときや能力を最大限に発揮したいとき、どのような環境に身を置けばそれがかなうのかを考えることができます。

たとえば、聴覚が敏感な人は静かな環境のほうが集中しやすくなるので、家の中ではテレビやラジオを消し、喫茶店よりも雑音の少ない図書館などで作業したほうが効率が上がるでしょう。視覚が敏感な人は、雑然とした部屋や机の上だと無意識にその刺激を遮断しようするので、脳内にムダな労力が発生してしまいます。まずは身の周りを整理してから作業に取りかかるとよいでしょう。

運動が感覚に与える影響とは

では、発達途上にある子どもの感覚を鍛えるためには、どうすればよいのでしょうか。

まずは、感覚にはどのようなものがあって、どのような状況でその感覚が使われるのかを知り、その上で目の前にいる子どもの感覚特性や感覚の偏りを判断します。

先ほどいくつか偏りの例をあげましたが、それらと似た行動が一つの感覚の中で複数当てはまる場合、たとえば触覚に関して「過度なくすぐったがりだった」「泥遊びが嫌いだった」

「いつも肌身離さず持ち歩いたタオルがあった」というのが自分に当てはまる、もしくは子どもに当てはまるといったときには、触覚の感覚入力に偏りがあるといえるかもしれません。「うちの子には感覚の偏りはなさそう」と思われた方は、さらにお子さんの感覚が伸ばせるよう、さまざまな感覚刺激を日常の中で意識的に取り入れるようにしてください。

じつは、感覚を鍛えるのはとても簡単なことです。なぜならば、いろいろなモノを見て、聴いて、触って、においをかぎ、運動をする……と、からだをフルに使って外の世界を体験させ、親子でその感覚を共有すればよいだけですから。

「就学前に、感覚を通してからだをフルに使わせる」。どの子育て本でも六歳までの体力づくりや運動をすすめているのは、この感覚発達という裏づけがあるからなのです。もちろん、就学後でも遅くはありません。さまざまな場所に子どもを連れ出し、いろいろな経験を通じて感覚を鍛えていきましょう。

ただし、大人になってから感覚を鍛えるのは、子どものようにスムーズにはいきません。発達段階を終えた大人の脳も、もちろん学習しますが、子どもの脳ほどの感受性を持っておらず、感覚を鍛えようと思ってもなかなか難しいようです。

大人は感覚を鍛えることよりも、自分の感覚特性を見極めて、前項でお話したような自分の能力を活かす環境設定に力を注いだほうが効率的です。

不得意な感覚は鍛えられるのか

子どもの感覚を鍛えるのは簡単だといいましたが、注意すべきことが二つあります。

一つめは、弱い感覚があったとき、その感覚だけを発達させようと、一つの感覚刺激を攻めまくってはいけないということです。

たとえば脳梗塞《のうこうそく》などで半身に麻痺《まひ》がある場合、麻痺のあるからだのほうの訓練こそがリハビリテーションだと思われがちなのですが、じつはその反対で、麻痺のないほうのからだをまず鍛え、そのサポート役として麻痺のある側も一緒に鍛えていきます。これはリハビリテーション学の基本です。

弱い部分ばかり鍛えようとすると、本人にとっては苦痛を伴い、逆に力が入ってしまったり、ぎこちなくなったりします。また、能力を上げようとしているにもかかわらず、モチベーションが下がってしまいます。ですから、弱い感覚を鍛えるときは同時にほかの感覚も使って、すべての感覚のベースを底上げするのです。

難しく説明しましたが、とにかく幼い頃から、さまざまな場所で多くのことを体験し、すべての感覚を偏りなく使わせて、からだを育てればいいのです。

二つめは、鍛え方に段階をつけることです。

これもリハビリテーション学の教えですが、リハビリテーションのプランを組み立てるときには、「短期目標」と「長期目標」を設定します。「歩く」ことが長期目標だとすれば、まずは座る、座るために骨盤《こつばん》の周りの筋肉を鍛える、それができたら自分でからだを起こして座り、その次に立つ、といったように段階ごとの短期目標をつくっていきます。

感覚を鍛えるための長期目標というのは難しいかもしれませんが、たとえば足の裏の触覚過敏があって、砂浜を裸足で歩くことをイヤがる子どもには、まずは室内を裸足で歩かせるように心がけ、毎晩寝る前に足の裏をマッサージをしてやる。やさしくなでるよりも、足の裏全体をなるべく強めに圧刺激するのがおすすめです。

その次に、舗装された地面を裸足で歩かせます。この時点でまだイヤがるようでしたら、焦らずにもう少し足裏マッサージを続けましょう。今度はオイルなどを使って違う触感でのマッサージを試してみるのもよいでしょう。舗装された地面が大丈夫ならば、ビーチサンダルを履いて砂場を歩かせます。少し砂が足の裏につく程度から慣らすのです。

このように、子どもの反応を見ながら、ときに遠回りをしたり前に戻ったりして、感覚の刺激を徐々に強くしていくのです。

ストレスが脳に与える悪影響とは

子どもの脳は、感覚が発達したあとに、より高次な機能が発達していきます。

そのときに無視できないのが、「心つくり」です。心は知覚、感情、思考、記憶などの機能を統合して、人間の営みのすべてを担っています。健全なからだに健全な心が育てられることで、子どもは本来持っている能力が発揮できるようになります。

子どもの「からだ」は、バランスのよい栄養と十分な睡眠、適度にからだを動かすことで自然と育っていきます。それが成長です。

しかし、「心」を健全に育てるためには、もう少しの理解と工夫と努力が必要となります。

健全な心つくりをするために、子どもの脳について二つの話をしましょう。

一つめは、子どもの脳がストレスによって受ける影響です。

ストレスに反応して分泌されるコルチゾールというホルモンは、脳細胞を攻撃し、その攻撃の結果、脳の一部の発達が阻害されてしまいます。だから、子どもにとってストレスは大敵なのです。

少し極端な話になりますが、虐待によるトラウマ（個人にとって心理的に大きな打撃を受け、影響が長く残るような体験）がある子どもは、視覚野《しかくや》や聴覚野《ちょうかくや》といった感覚をつかさどる脳領域や、感情や理性といった心をつかさどる脳領域の発達が阻害されやすいことが報告されています。

そのため、ストレスに注意するだけではいけません。日頃から子どもには適切な対応や言葉がけをしないと、脳発達に悪影響を与えてしまうのです。

二つめは、脳細胞の「間引《まび》き現象」です。

子どもの脳の神経細胞はある年齢までは増え続けますが、ピークに達したあと、数年をかけて減っていきます。たとえば、一次視覚野と呼ばれる視覚に関わる脳細胞の数は、生後八カ月でピークに達しますが、その後間引きされ、一一歳前後で成人レベルまで減少します。つまり、一一歳頃までは視覚的な経験が視覚野の発達に影響を及ぼす、より感受性の高い時期ともいえるのです。

発達に影響を及ぼすというのは、よい意味も悪い意味もあります。視覚的に入る刺激がよい刺激であれば、発達にとってよい糧《かて》となりうるのですが、逆にストレスをもたらすような刺激であれば、トラウマとして悪影響を及ぼします。

多くの被害と悲劇を残した東日本大震災では、マスメディアから流れる映像により、被災地から遠く離れた直接的な被害を受けていない子どもも、ＰＴＳＤの症状を引き起こしました。ＰＴＳＤとは、強烈な体験がトラウマとなり、精神的あるいは身体的にさまざまな症状を引き起こすストレス反応のことです。

映像からストレスを受けた人の数は、大人よりも、脳の視覚野の感受性が高い時期にある子どものほうが多かったのかもしれません。

人間の脳は経験によって再構築されるようにもできています。だからこそ、あらゆる環境に順応し、生物の中で一番の進化をとげたのでしょう。しかし、発達過程にある子どもの脳は、私たち大人の脳と比べて未完成です。子どもの脳はストレスに弱いということ、あらゆる刺激に対する感受性が高いということを、しっかりと認識する必要があります。

男と女、どちらが頭がいいのか

男と女ではどちらが頭がいいのか。その疑問は古くから議論されてきました。

昔は、男性のほうが頭がいいと考えられていました。亡くなった人の脳の重量や大きさを男女で比較すると、同じ身長・体重では、平均して男性の脳重量が大きいからです。一方、女性のほうが小さい脳で効率よく脳を使えている分、知能が高いという説もありました。

一九八〇年代になると、脳画像や脳活動をコンピューター解析する技術が急速に発展し、男女の脳の違いはホルモンや脳の神経回路、そしてそれらをコードする遺伝子によって生み出されるものであると、医学的にも証明されました。

男女の脳では、発達する順序やスピード、ある課題に対して使われる脳の場所、得意・不得意分野が違うことが、医学はもちろん心理学、社会学でも常識として考えられるようになりました。性による脳の特性が理解されるようになったのです。

具体的には、男性の脳は空間認知力がすぐれていて、女性の脳は言語力と非言語コミュニケーション力にすぐれています。それは、数百万年前の狩猟時代に、男はどこに逃げるかわからない獲物を追いかけて狩りをし、女はみんなで協力して果実や木の実を採取していた名残で、生きるために必要な能力としてそれぞれが発達・進化したというのです。

言語や手先の細かい作業をつかさどる脳の部位は、女児は男児より六年ほど早く成長しますが、空間認知力や空間記憶をつかさどる脳は、男児のほうが四年ほど早く成熟するという報告もあります。

さらに、ものの見え方や感情処理の仕方も、男女で差があります。

『男の子の脳、女の子の脳』（草思社）を著したレナード・サックスによると、男児の目は対象物の位置や動き、奥行きなどをとらえるのが得意で、女児は色彩や質感をとらえるのが得意だそうです。そのため、絵を描くとき、男児は動きのある乗り物を少ない色、たとえば黒や青などの冷たい色を使って描くのを好むのに対し、女児は人物や花、動物などを左右対称に数多くの色で、それも赤やピンク、オレンジなどの暖かい色を使って描くことが多いようです。

聞こえ方にも違いがあり、男児にとって女性教師の甲高《かん》い声は雑音にしかとらえられないことも多いといいます。

また、女児は成熟するにつれて感情と結びつく脳活動が、扁桃体《へんとうたい》という系統発生的に古い脳の部分から、人間が進化して発達した高度な認知機能をつかさどる大脳皮質《だいのうひしつ》に移ります。つまり、「悲しい」とか「うれしい」といった無意識の感情を扁桃体が情報として入力すると、理論、内省、言語をつかさどる大脳皮質と結びつき、言葉で表現することが容易にできるのです。

一方、男児は成熟しても感情が大脳皮質とは結びつきにくいために、気持ちを言葉で表すことが女児ほど容易ではありません。これは、脳の使い方からも説明がつくことなのです。

男子は競わせる、女子は助け合わせる？

一年ほど前、あるテレビ番組が男女の脳の違いについて特集を組んでいました。そこでは、ジェンダー（社会的、文化的に形成される性差）の違いに対する欧米での新たな教育の取り組みが取材されていました。

アメリカでは、二〇〇二年に「おちこぼれをつくらないための初等中等教育法」という法律が制定されました。おちこぼれを生まないためには、男女それぞれの特性に合わせた教育方法が必要と考えられ、多くの公立校が男女別クラスによる教育を取り入れ始めたそうです。

男子クラスでは、教師はクラスのボスとして威厳を持って振る舞います。課題を解くときにはクラスメイト同士を互いに競わせ、読書の時間は各自が好きな姿勢（床に寝そべりながらでもよい）をとらせます。

一方、女子クラスでは上下関係をつくらないよう、教師は生徒全員に親しみを持って接し、課題はペアを組んで協力し合い、助け合いながら解いていくスタイルをとります。

この教育方法は認知能力の性差という面から見て非常に有効であり、おちこぼれを減らすのはもちろんですが、持って生まれた能力が教育によってつぶされることがありません。さらには、優秀な人材を育てることにつながると思われます。

クルマに凝る男、噂が好きな女

男女の差を、もう少し詳しく説明しましょう。

これは、小児科医として、母としての私の経験から述べられることです。

幼い男児の遊びは、「電車やクルマ遊び派」と「戦隊キャラクター遊び派」の二つに大きくわかれます。

電車やクルマで遊ぶのは「対ー物」の遊びで、レールをつくり上げたり、クルマを走らせたり、いろいろな車種をコレクションしたりするという、自己完結・自己満足の世界での遊びです。友だちと一緒に遊んでいても、協力してレールをつくり上げるとしても、本来は一人で楽しむものです。

一方、戦隊キャラクター遊びは「正義の味方が社会の人びとのために悪と戦う」というストーリーで進んでいく、「対ー人」の遊びです（「乱暴」という理由から好まないお母様も多いかもしれませんが）。「対ー物」の遊びと違う点は、コミュニケーションがあることです。

友だちと戦隊ごっこをするときには、正義の味方役（複数の子どもがヒーロー役になることも多々ありますが)、助けられる市民役、怪獣役などの役割があり、ストーリーに沿って演じる必要があります。そこには「対ー人」としてのコミュニケーション力が必要です。

戦隊物に興味を持ち始めるのは、早くて二歳半頃でしょうか。クルマや電車の名前、駅名を暗記しているほうが何となく知的な子どものように思うのですが、戦隊物で遊べるようになったということは、コミュニケーション力が備わってきた証なのです。

一方、女児の遊びは、ままごと遊びやお人形遊び、お買い物ごっこ、お手伝いごっこが一般的で、「対ー物」の遊びは少ないようです(お人形遊びも擬人化されている「対ー人」と考えます)。これも、やはりコミュニケーション力がよりすぐれている女の子の遊び方の特徴といえるでしょう。

つい先日、私は二つの食事会に連日で出席しました。一つは息子の同級生のお母さん、いわゆるママ友《とも》四人の女子会です。もう一つは同僚の男性医師たちとの昼食会です。

ママ友同士の会話は、「クラスのあの子はあ~だ、こ~だ」「あの子のお母さんはこうらしい」「担任の先生はこうよね」というような「対ー人」に対する感情論的な話題や、「このあいだ、どこどこに行ったのよ。そしたらね……」というような自分のエピソードが多いのです。

一方、同僚男性医師との会話は、「ゴルフクラブを新調したんだ。グリップが握りやすくてね……」とか、「○○社の新車はいいクルマだよね。あの流線形のボディデザインは……」などといった「対－物」に対する評価的な話題が多いことに気づきました。

女性同士の会話の中心は、「あの人は○○と言っていた」などという、いわゆる噂話《うわさ》です。噂の対象となる人と仲間になれるかどうか、無意識に秤にかけているのです。

それに対して男性は、女性ほどは他人への興味や関心が高くないので、他人に対する話題より自分が手に入れたい獲物（先の例ではゴルフクラブやクルマ）のために戦略を練るほうが習性に合っているのでしょう。

そんな習性の違う男女が結婚して、同じ場所で生活し、会話あふれる家庭を築くのは、そもそも至難の業なのです。自分にもそう言い聞かせています。

第2章

なぜ、同じモノを見ても同じに理解しないのか

人には認知特性がある

認知特性の特徴

認知特性テストであなたはどのタイプになりましたか。本章では、認知特性の特徴について説明しましょう。

①視覚優位者・写真(カメラアイ)タイプ

・写真として物事を記憶する
・道順を説明するときは、路線図か地図、あるいは「○○駅→□□駅→病院」と図式を用いる
・3歳以前の記憶があるが、その記憶は自分の目で見た情景のため、自分はその場に登場しない
・歴史の本を読むと、文章だけでも城や戦いの場面がスムーズに浮かぶ
・アニメの脇役のキャラクターの似顔絵も上手に描ける
・「野菜をできるだけ多くあげよ」というときは、野菜の写真やスーパーマーケットの陳列棚をイメージしながら答える

②視覚優位者・三次元映像タイプ

・映像として物事を記憶する
・人の顔を覚えるのが得意
・道順は、図式や地図だけでなく、信号の数やポスト、店の看板を書き加えて説明する
・歴史の本を読むとき、城や戦いの場面が浮かびやすい
・昔の記憶を、順序よく時間を追うように説明できる
・3歳以前の記憶があり、その記憶に自分自身は登場しない
・「野菜をできるだけ多くあげよ」というときは、野菜の写真やスーパーマーケットの陳列棚をイメージしながら答える

③言語優位者・言語映像タイプ

・言葉を見るのが得意
・言語を映像化することも、映像を言語化することも得意
・他人の何気ないひと言で、鮮明なイメージを抱くことがある
・比喩表現が得意
・「野菜をできるだけ多くあげよ」というときは、野菜の写真やスーパーマーケットの陳列棚をイメージしながら答える

④言語優位者・言語抽象タイプ
- ・わかりづらい文章を図式化することが得意
- ・言葉を見るのが得意
- ・歴史の本を読むとき、家系図や登場人物の相関図が浮かびやすい
- ・英単語は書いて覚える
- ・初対面の人は名刺の文字で覚える
- ・道順は、文章か図式で説明する
- ・一番古い記憶は、言葉をある程度獲得した幼少期（4～6歳）以降のもので、場面には自分が登場する
- ・読み終わった本の中からある箇所を探すとき、どのあたりのページに書かれていたのかがわかる

⑤聴覚優位者・聴覚言語タイプ
- ・言葉を聞いたり、サイレントトークしたりするのが得意
- ・一度聞いたコマーシャルのフレーズや歌詞を覚えるのが得意
- ・英単語は聞いたり、暗唱したりして覚える
- ・講演内容のテープを聞き返すとき、どのあたりに録音されているかがわかる
- ・難しい話題でも、写真や資料を見ることなく、話を一度聞くだけで理解できる
- ・テレビを見ているとき、テロップがなくても意味がすんなり理解できる
- ・ダジャレをいったり、人の言葉じりをとらえるのがうまい
- ・一番古い記憶は4～6歳以降のもので、映像イメージは曖昧で、あとから聞いた情報もつけ加えられているケースが多い

⑥聴覚優位者・聴覚&音タイプ
- ・言葉を聞くのが得意
- ・英単語は聞いたり、暗唱したりして覚える
- ・絶対音感のような特殊な能力を持っていることがある
- ・CMソングや音楽を一度聞いただけで、歌詞ではなくメロディを口ずさむことができる
- ・モノマネが得意
- ・外国語の発音が上手

自分の特性を知ることの意味

一九八一年、神経学者のロジャー・スペリーは、大脳は左右で異なる働きをすることを発見し、ノーベル生理学医学賞を受賞しました。

大脳の右半球は左半身の運動制御をつかさどり、さらに創造脳ともいうべく芸術的思考や空間認知力を担当し、左半球は右半身の運動制御と論理学的思考や言語を担当していると考えられています。芸術家に左利きの人が多いのも事実です。

しかしながら、『話を聞かない男、地図が読めない女』(アラン・ピーズ、バーバラ・ピーズ著/主婦の友社)によると、その左右の脳の区わけも男女では違い、男性は右と左の脳の局在がはっきりしているのに対し、女性では右も左も同時に使うことができるといいます。

私が小児科医になった十数年前には、すでに右脳・左脳という考え方やジェンダーの脳の違いという説は提唱されていましたが、実際に外来で患者さんにお会いしたり、「ギフテッド」と称される生まれつき高い能力やすぐれた学習能力を持っている人とお話ししたりすると、それだけでは個々の認知特性を区別しきれないことに気づきました。人にはそれぞれ認知特性があり、同じことを聞いたり見たりしても、誰もが同じ方法で理解し、同じように表現するわけではないのです。

認知特性は思考や認知の好みであり、「やりやすさ」のことです。認知特性には「親が視覚優位者だから」とか、「男だから」「女だから」といった理由のほかにも、さまざまな要因が関与しています。第一章で感覚の偏りについてお話ししましたが、それも大きく影響しています。

認知特性は生まれながらにある程度決まっており、それが生活環境の中で伸びていくので、大きく変えるのは難しいものです。運動の苦手な人が、突然運動が得意にならないのと同じです。

しかし、変えることは難しくても自分の「特性」を知っている、意識しているということは、大きな意義を持ちます。それは、自分の得意なことや好みを知っていれば、何か行動を起こすときや考えるとき、選択するときに自分のやりやすい方法が見つけやすくなるからです。それと同時に、苦手なことや嫌いなことを意識すれば、よりよいアプローチ方法に変更したり、得意な能力で補ったり、あるいは日常的に苦手な部分を訓練し、伸ばしていくことが可能になるのです。

まずは、自分自身の思考や認知の好みと、自分の苦手な思考や認知方法を考えていきましょう。

カツオくんが描けるアーティスト系……①視覚優位者・写真（カメラアイ）タイプ

写真家や画家、デザイナーにはこのタイプの人が多くみられます。プロローグで少し述べましたが、私の夫がこのタイプです。夫は新聞広告や雑誌広告といった紙媒体の二次元的なグラフィックデザインを担当しています。

このタイプの人は、頭の中にカメラを持っていて、何かを記憶するときはそのカメラのシャッターをきり、写真として一枚一枚頭の引き出しにしまっていきます。

彼は一年ほど前、通勤途中に電車の飛び込み自殺に遭遇してしまいました。視覚優位者はトラウマ体験を持ちやすいので私はとても心配し、一年ほど経ってからそのことについておそるおそる尋ねてみました。すると、彼は平然と「同じ場所に立つと、電車とぶつかる瞬間のその人の姿と洋服の色を思い出すことがある」と答えました。頭の中でシャッターをきってその一瞬を画像として記憶しているのがよくわかります。そして、写真や映像で記憶する人は、何年経ってもそのイメージがぼやけていきません。

私は外来を訪れる子どもに必ず「病院までどうやって来たか、この紙に書いてください」と一枚の白い紙を渡します。「どうやって書けばいいの？」とたいていの場合聞かれますが、

「自分の思うように書いてね」とだけ告げます。すると、写真タイプの子どもは路線図か地図、あるいは「〇〇駅（△線）↓□□駅↓（徒歩〇分）↓病院」と、ほとんど言語を介さない図式を用いて答えることが多いのです。

認知特性テストの問８で、「３歳以前の記憶がいくつかある」と答えた人はこのタイプか、次項で述べる三次元映像タイプに多いでしょう。

「一番古い（一番自分が小さかったときの）思い出は何ですか？」と聞かれたら、多くの人が物心つく（言語的な因果関係がわかる）四〜六歳のときのことを思い浮かべます。けれど、視覚優位者、とくに写真タイプは、そのときどきを写真として残しているので、もっと小さい頃の思い出を話すことができるのです。

さらに、その記憶は自分の目から見た記憶なので、その場面に自分はいません。つまり、問９でＡと答えることでしょう。

夫は、「自分がハイハイしていて階段を二段くらい上ったときに、二階の窓から入ってきた太陽光が階段に陰を落としていたのを覚えている」と言います。ハイハイしている頃ですから一歳前の記憶で、自分の目で見た場面を思い浮かべているのです。

デザイナーとなった夫は、カメラマンからメールで送られてきた同じようなカットの写真を何十枚もパソコンで早送りしながら、一番よい写真を選びます。何枚も似たような写真がパソコン画面に次々と表示されるのですが、何枚目の写真のどこがよいのか、前後の写真との違いはどこなのか、横で見ている私にはさっぱりわかりません。一枚一枚を写真記憶として頭の中で整理できるからこそ、彼はこの作業をラクにこなせるのでしょう。

外来を訪れた子どもの中に、紙に書かれた文章を一つの絵（写真）として記憶する三歳の男の子がいました。その男の子は大のウルトラマン好きで、ウルトラファミリーが描かれた数十枚のトランプのようなキャラクターカードを大切そうに持っていました。カードの表には、ウルトラマンのキャラクター写真とその名前が、裏にはキャラクターの特徴などの説明文が五行程度書かれていました。

表のキャラクターの写真を見て、その名前がわかる子どもは大勢いますが、その男の子は説明文しか書かれていない裏側の文章を一秒程度見せるだけで、キャラクターの名前をすべて言い当てることができました。わずか一秒ですから、文章は読んでいません。五行の文章を一つのイメージ映像として絵や写真を見るように記憶し、認識していたのです。

写真を早送りしても理解できる夫やウルトラマン好きの男の子のように、視覚優位者の中でも二次元の写真タイプの人は、次項で説明する三次元映像タイプの人と比べると、目で見た情報の処理（記憶や認識）が瞬時にできることが特徴です。映像には空間軸とともに時間軸があり、流れていくものですが、写真は瞬時に処理することができるのです。

また、記憶に関しては、膨大な量の写真アルバムを脳の中に持っています。

あなたは何も見ずにサザエさんの絵を描くことができますか。アンパンマンやドラえもん、キティちゃんの絵はそれなりに上手に描ける人も多いのですが、ばいきんまんやのび太くん、カツオくんはどうでしょうか。

絵の上手下手は別にして、絵のイメージが曖昧なものではなく、それぞれのキャラクターの特徴を詳細まで描けるとしたら、写真として記憶している人だといえるでしょう。

どんな人の顔も見わけられるエキスパート……②視覚優位者・三次元映像タイプ

建築家やパイロット、外科医、機械技術職、テレビや映画の舞台制作者やテレビカメラマンなどは三次元映像タイプの人に多くみられます。同じ視覚優位者でも前述の写真タイプと異なるのは、空間と時間という軸が加わった点です。

先日、あるテレビ番組からコメントを依頼されたのですが、お会いしたカメラマンやプロデューサーは、当然のことながら視覚的な情報を空間と時間をうまく使いながら作品に仕上げていました。このコメントならばどれくらいの長さのVTRが必要で、その限られた時間内でどれだけの情報を伝えることができるか、どの角度からの映像がわかりやすいかと頭の中で計算していました。

建築家の友人は、「設計図を見ただけで立体化した建造物が浮かび上がり、さまざまな角度から建造物がどのように見えるかがわかる」と言っていました。頭の中で建造物を回転させることができるのです。

しかし、その友人は幼い頃に字を覚えるのが苦手だったそうです。視覚優位者は前述のウルトラマン好きの男の子のように、文章すら絵（picture）として覚えられる能力を持っており、字を覚えるのが得意という特徴がありますが、書き順を覚えるのは苦手という人もいます。文字は形として記憶（入力）しているのですが、その形を自分で書く（出力）ときに、自己流の書き方に固執すると、本来の書き順通りに書くことが難しくなってしまい、混乱して漢字をうまく覚えられなくなるのです。

そのため、友人が漢字を覚えるためにしたこと、それは習字です。彼は幼いながらに自分の認知特性がわかっていたのではないかと感心してしまうのですが、じつは習字は、字を覚えるのに最適な方法なのです。その理由は二つあります。

一つは、からだ全体を使って字を書くことです。これは、どの認知特性の人にも当てはまるのですが、鉛筆では小さくて細い文字を主に手（手首から先）だけを使って書きます。一方、習字は半紙いっぱいに太い文字を、腕全体、肩までも動かして書くので、からだで覚えることができるのです。

二つめは、墨を使うことです。墨は字が重なる部分でより濃くなります。濃くなることで奥行き感が出るために、字を立体的にとらえることができるのです。立体的に浮かび上がる文字は、書き順を覚えるのにも役立ちます。

私の息子もこの三次元映像タイプで、幼い頃から絵を描くのが好きでした。その絵は非常に立体的で奥行きがあります。記憶に関しても、写真タイプの夫とは違って、ある場面の時間軸の前後関係も含めてエピソード記憶として残しているようです。エピソード記憶とは、情景だけでなく、思い出や、思い出から連想される具体的な経験を伴った記憶のことです。

映画を観るときは映像を連続写真のように記憶するようで、同じ映画をＤＶＤで観たとき、場面をスキップしても次にどんなシーンがくるのか即座にわかりますし、「違う映画にも同じような場面があった」「同じお店や風景が違う映画にも出ていた」と言ったりします。また、名前も知らない脇役の俳優が、ほかのどの映画に出ていたかをよく覚えています。

このタイプは、人の顔を覚えることも得意です。なぜなら人の顔は立体的で、私たちは目、鼻、口の奥行きや角度を認識することで、他者の顔を覚えたり表情を読み取ったりしているからです。つまり、人の顔や表情の認識も三次元イメージによるものなのです。

息子は名前も知らないような人でも一度会ったことがあれば、髪型や服装が違ってもすぐに誰だかわかるようです。だから、隣のおばさんが髪を切ったことにすぐに気がつき、私に報告してきます。大人になってからも、それを本人に伝えることができれば、きっと恋愛上手になれることでしょう。

先ほどの「病院までどうやって来たか書いてください」という質問には、写真タイプと同じように文章ではなく図式や地図で書く子どもが多いのですが、信号の数やポスト、店の看板を立体的に書き加える子もいます。自分の見た風景を、順序よく時間を追うように説明できるのが特徴です。

また、「一番古い思い出」（認知特性テスト・問8）は、写真タイプと同様に三歳以前の記憶を持っており、記憶には自分自身は登場せず、自分の目から見た情景の記憶である場合が多いようです（問9）。

視覚優位者が古い記憶を持っているのは、言語づけられた記憶のように曖昧ではなく、写真や映像そのものが色あせにくいという特徴があるからです。逆に、本人にとって衝撃的な場面は忘れにくく、いわゆるPTSDの症状であるフラッシュバック現象が起こりやすいともいえます。

イメージをすぐに言葉にできるファンタジスト……③言語優位者・言語映像タイプ

コピーライターや絵本作家、雑誌の編集者、作詞家などにはこのタイプが多いでしょう。本や小説を読むとその場面が容易に想像でき、文章よりは映像イメージとして記憶します。言語を映像化することも、逆に映像を言語化することも得意です。

視覚優位者が感覚的思考者とすれば、言語優位者は、イメージを言語に結びつけることから論理的思考者ともいえます。

感覚的思考者は主に右脳を使っているといわれていますが、言語映像タイプは言語機能をつかさどる左脳とイメージをつかさどる右脳の両方をバランスよく使うことができます。右脳と左脳のあいだには「脳梁《のうりょう》」という二つの脳の情報が行きかう場所があるのですが、その部分が発達しているともいえるでしょう。このタイプに女性が多いのかどうかはわかりませんが、女性はこの脳梁の部分が男性よりも発達しているため、両脳を効率よく使っているという報告もあります。

外来を訪れる子どもの中にファンタジーの世界観が強い子がいます。それは、映像イメージが強い子どもに多く、どうやら頭の中にさまざまな映像が次々と浮かんでくるようです。とくに言語映像タイプは、映像に言語的な意味づけが加わるので暗示にかかりやすかったり、極端に恐怖感を抱いたりしてしまうことがあります。

ある子どもは、電車の中で母親が、「手すりはたくさんの人が触っているから、バイ菌がついているのよ。おうちに帰ったら手を洗ってから、おやつを食べましょうね」とよくある話をしたところ、その日から電車の手すりを決して触らなくなり、椅子にも座れなくなりました。

私がその子に「なぜ、手すりを触るのがイヤなの?」と尋ねたところ、「ヤリを持った、まっ黒くて意地悪そうな顔をしたバイ菌たちにやっつけられちゃうもん」と答えました。「手すりには絵本で見た怖い顔をしたバイ菌がいっぱいついている」という映像をイメージしたのかもしれません。

母親の何気ないひと言から、その子どもの脳の中でさまざまなイメージが浮かび上がり、このような物語ができたのでしょう。

視覚優位者の私の夫と、次項で説明する言語抽象タイプの私から生まれた長女はこのタイプのようで、幼い頃は黒い服を着た女性を極端にイヤがりました。どうやら絵本に出てくる魔女を連想してしまうようで、黒い服を着た年配の女性を街で見かけると、「あの人はね、黒い猫を飼っているのよ。それで、ほうきを持って空を飛んじゃうの。毒リンゴも持っているかも……」というようなことを延々と私に説明し、用心するよう促していました。

このタイプに当てはまる友人の娘は、出生時のことをよく覚えています。

二歳の頃から彼女は、「トンネルみたいなところを『苦しいな〜』って思いながらぐるんって回って出てみたら、急に明るくなって、白い服を着た人がいっぱいいたよ」と話していました。その記憶が本当だとすれば、彼女はその印象的な映像を記憶し、言語と結びつけ、他人に説明しているのです。

また、カゼを引いた息子を外来に連れてきた父親が言いました。

「鼻が詰まっているのか、息子はまるで鼻の中でたこ焼きを焼いているようにしているんです」

目の前にいる息子がつまった鼻くそを一生懸命ほじくっている姿を、たこ焼きをひっくり返しながら焼いている場面とリンクさせたのでしょう。

このように、言語映像タイプは比喩《ひゆ》が得意です。だから、商品のイメージを言語化して伝えるコピーライターはまさに天職なのです。

「語の流暢性《りゅうちょう》」という、主に前頭葉《ぜんとうよう》の機能を見る検査があります。ある与えられた課題に対して制限時間内に思いつくまま単語をあげるものです。

たとえば、「野菜の名前を時間内にできるだけ多くあげよ」という問題です（認知特性テスト・問11）。ニンジン、キャベツ、ピーマン、白菜……と答えていくのですが、答えながら野菜そのものをイメージする人、絵本で見た野菜の写真やスーパーマーケットの陳列棚をイメージする人は、写真タイプか三次元映像タイプ、もしくは言語映像タイプの人でしょう。

わかりやすくノートをまとめる達人……④言語優位者・言語抽象タイプ

内科系医師や作家、教師、金融関係者、心理学者に多いタイプです。私自身もこのタイプなので、小児科医という職業もなるべくしてなったようです。

このタイプは、わかりづらい文章を図式化することが得意です。たとえば歴史の本を読むとき、視覚優位者は当時の戦いの場面や城をイメージしやすいのに対し、言語抽象タイプは家系図や登場人物の相関図のほうが浮かびやすいのです。

また、言語映像タイプは言葉と映像を結びつけて情報を処理しますが、言語抽象タイプは言葉に文字や数字、図を系統立てて結びつけるのが得意です。

『東大合格生のノートはかならず美しい』（太田あや著／文藝春秋）という本が以前話題になりました。東大生のノートはきれいにまとめられているというのです。

日本の教育では、言語優位者のほうが優秀な成績を修めやすいため、東大に進学する言語優位者も多いでしょう。それは、受験に必要な主要科目はすべて、授業も教科書も言語を介しているからです。

東大生の見やすくまとめられたノートは、言語抽象タイプの人が作成したのではないかと思われます。それは、このタイプの人は言語的な授業内容の要点をきれいに図や相関図にまとめ、ラインマーカーやペンの色を使いわけ、字の大きさや太さを変えて見やすく整理することが得意だからです。つまり、認知特性テストの問26で、Aを選べる人がこのタイプです。

このタイプの人は「言葉を見る」のが得意です。どういうことかというと、一度文字に落としたり、紙に書いてある文字を見たりしたほうが覚えやすいという特徴があるからです。

私は職業柄、講演会や学会に参加する機会も多いのですが、覚えておきたい講演の内容は必ずメモをとります。記憶力も悪いので、話を聞くだけでは内容は理解できてもまったく覚えられないからです。そのため、一度文字や図として紙に落とし、視覚情報に変換させてから脳内で整理しています。

英単語を覚えるのに、ノートに一生懸命書いたという人は、このタイプでしょう。

また、私は初対面の人の名前を聞いただけでは覚えられないので、必ず名刺をもらって名前を文字として覚えます。名刺がもらえないときは、自分の頭の中のノートに適当な漢字を当てはめて、文字をイメージして記憶するようにしています。

一方、夫や息子のような視覚優位者は、顔や雰囲気から受けるイメージで名前を記憶するようです。初対面の人と会ってから数日経ったところで「○○会社の山田太郎さん」と言われると、私は名刺に書かれた「山田太郎」という文字が浮かびますが、夫は「メガネをかけた茶色のスーツを着ていた人が浮かぶ」と言います。

先ほどの質問、「病院までどうやって来たか書いてください」には、「家から歩いて○○駅まで行き、□□駅で降りてから徒歩△分」といったように文章で書くか、「○○駅↓(△線)↓□□駅↓(徒歩○分)↓病院」といった図式で説明します。

さらに、「一番古い思い出」(問8)は、映像イメージではなく言語という抽象的なイメージとして処理されているので、客観的な記憶であるのが特徴です。自分がその場面に登場し

言語優位者は、
言葉を見るのが得意

聴覚優位者は、
言葉を聞くのが得意

ており、言葉をある程度獲得した幼少期（四〜六歳）頃からの記憶が多いようです。

オヤジでなくてもダジャレ上手……⑤聴覚優位者・聴覚言語タイプ

弁護士や教師、落語家、アナウンサー、音を意識できる作詞家に多いタイプです。

言語映像タイプや言語抽象タイプは「言葉を見る」のが得意なのに対し、聴覚言語タイプは「言葉を聞く」のが得意です。音声という聴覚情報のみで言語を脳内に取り入れられるのが大きな特徴ですが、言語優位という点では、先ほどの言語抽象タイプとオーバーラップしています。

また、視覚優位者が芸術、空間認知力に長《た》けた右脳優位者とすれば、聴覚言語タイプはまさに言語をつかさどる左脳優位者といえます。

このタイプは、相手が話している音だけで内容を理解でき、イメージよりは言語そのもので思考を働かせることができます。そのため、脳内で自分自身と対話をする「サイレントトーク」が得意です。

本の読み聞かせをしたときや劇や映画、ミュージカルを観たときに、セリフをそのまますぐに覚えられます。一度聞いたコマーシャルのフレーズや歌の歌詞を覚えるのも得意です。

先日、同僚とある講演会に参加しました。先に述べたように、私は講演会の最中、一生懸命メモをとっていたのですが、隣に座っていた同僚は一度もペンをとることがありませんでした。メモをとらずとも講演会の内容をしっかりと理解し、記憶できる同僚はこのタイプです。

前述の言語抽象タイプは、読み終わった本の中から、ある文章をもう一度読み返したいと思ったときに、ページのどのあたりに書かれていたのかが視覚的情報としてわかるのに対し、聴覚言語タイプはテープのどのあたりに録音されているかがわかります。

最近では、テレビ番組にテロップがつくことが多くなりましたが、聴覚言語タイプはテロップのない番組でも脳内に入ってくる情報量はそれほど変わりません（認知特性テスト・問

31）。

問28で、「ダジャレが得意」と答えた人もこのタイプに当てはまります。それは音をよく理解できるので、音韻《おんいん》を踏んだり、似たような言語音声をすぐに想起できるため、オヤジでなくてもダジャレが得意だったりするのです。また、人が話したことの言葉じりをとらえるのがうまい人も、このタイプです。

ＮＨＫで放送されている『ピタゴラスイッチ』という番組をご存じでしょうか。

ビー玉やクルマのおもちゃが転がっていき、ドミノ倒しのような運動がつながって最後に「ピタゴラスイッチ」のロゴが表示される「ピタゴラ装置」というものが、番組内に登場します。この装置を監修する佐藤雅彦さんは、まさに視覚優位者です。佐藤雅彦さんは、番組内で流れている曲の多くも手がけています。視覚イメージとは別に、言葉と音をとても上手に使いこなせる佐藤さんは、仕事内容に応じて別の認知特性を発揮できる才能の持ち主です。

そんな佐藤雅彦さんと内野真澄さんが作詞した「いたちのたぬき」というなぞなぞ歌があります。

「いたちのたぬき　かにのかとり……」といったように、なぞなぞの答えが一から一〇のかぞえ歌になっています。

文字にするとわかりやすいのですが、この歌を聞くだけですぐに「あ～、なるほど～」と納得できた人は、聞き言葉を巧みに操れる、まさに聴覚言語タイプです。

英単語を覚えるときに、ノートに書くよりもテープに吹き込んだ自分の声を何度も繰り返して聞いたり、暗唱したりして覚えた人もこのタイプです。聴覚言語タイプは、勉強するときはリスニング教材やラジオ講座など聴覚的な情報を繰り返し聞くほうが効率的で成果が上がります。

「古い記憶」（問9）は、そのときの映像イメージを言語的に処理して覚えているため、エピソード的な記憶となっています。それは、ほかの人から聞いた「あのときはこうだった」というような言語的な情報もつけ加えられているケースも多いので、抽象的で曖昧です。

また、「野菜の名前をできるだけ多くあげてください」という質問（問11）では、視覚優位者は、野菜の映像を思い浮かべながら答えていく人が多いのですが、このタイプは、「『あ』がつく野菜……、え～と、アボカド！　『い』がつく野菜……、いんげん！」というように五十音表から野菜をイメージしたり、語頭を意識して答えることが多いようです。

英語の発音もすばらしい絶対音感タイプ……⑥聴覚優位者・聴覚＆音タイプ

音楽家はまさにこのタイプです。

聴覚言語タイプと同様に聴覚的な情報入力が得意ですが、異なる点は音階や音色といった言語的な意味を持たない情報も、イメージとして脳内で処理できるということです。認知特性テストの問32で、絶対音感が「ある」と答えた人は、このタイプです。

絶対音感（absolute pitch）とは、外的な基準音を参考にせずに任意の音の高さを判断できる、あるいは自らの声や楽器で任意の高さの音をつくり出せる能力のことで、音楽家の多くが持っている特別な能力といわれています。

最近ではこの能力に対してさまざまな研究がなされ、遺伝性が認められることが明らかになっています。遺伝的にコードされた能力ですが、絶対音感を発達させるためには早期からの音楽教育が必要であるともいわれています。逆に、早期教育をしても遺伝的素因を持っていない子どもは絶対音感を獲得しにくいとも報告されていて、環境や教育的な要因よりも遺伝的な要因のほうが強く関係しているようです。

もちろん、絶対音感を持たない聴覚&音タイプの人も大勢います。

同じく『ピタゴラスイッチ』で「ぞうのあしおと係」という曲があります。これも作詞は佐藤雅彦さんと内野真澄さんなのですが、生き物の歩く音を楽器で表しています。象の足音はチューバ、しじみの開く音はカスタネット、ヘビのはう音はバイオリン、ウサギの跳ねる音は木琴（シロフォン）というような曲です。

たとえこの歌を聞いたことがなくても、この説明だけで曲のイメージがわいてきた人は聴覚&音タイプの特性を持っています。

CMソングや映画、劇で使われる音楽を一度聞いただけで、歌詞ではなくメロディのほうを覚え、口ずさむことができる人もこのタイプです。

また、このタイプの中には自分で聞いた（脳内に入力された）音を、自分の声として発声（出力）できる人もいて、知り合いの人の話し声、動物の鳴き声など聞いた音をそのまま再現できます。だから、問10で「モノマネが得意」と答えた人はこのタイプなのです。

外国語の発音やイントネーションなどの特徴をつかむことも得意なので、ネイティブではないのに外国語の発音が上手だったりします。

腹話術師のいっこく堂さんはさまざまな音声を表現できる天才ですが、彼の外国語のセンスもすばらしいのです。海外でもその国の言葉を上手に発音してショーを行っていますが、複数の外国語の発音やイントネーションをしっかりマスターしているのは、言語としてよりも音として脳内で処理再生しているからでしょう。

また、タモリさんがお笑い番組の中で、韓国語や中国語、フランス語などのイントネーションや雰囲気を再現して笑いをとっていたのをご存じでしょうか。彼は正しい言語としてではなく、音として外国語を表現しています。このような技ができるタモリさんも、この特性が強いといえるでしょう。

つまり、聴覚的な感性のすぐれた人がこのタイプといえます。前述の聴覚言語タイプと同様に、何かを学ぶときはリスニング教材やラジオ講座、あるいは自身で暗唱するなど、聴覚的な情報を利用したほうが効率的です。

〈番外編〉レストランの味が再現できる職人……身体感覚優位者

身体感覚優位者は、視覚や聴覚とは別の身体感覚、つまり、皮膚感覚（触覚）、嗅覚、味覚、さらに固有覚、前庭覚、内臓感覚がすぐれていて、特殊な認知特性を持っているタイプです。

しかし、日常生活で物事を理解するには、視覚、もしくは言語、聴覚を使っています。そのため、身体感覚だけが際立っている人はいないので、認知特性テストには入りません。いわば、身体感覚優位者は、認知特性の番外編です。

このタイプは、スポーツ選手やダンサー、ソムリエ、料理人、調香師などに多く、「自分のからだ」や「自分の感性」をよく知っています。

私の従姉妹《いとこ》は、レストランで食べた料理の味を自宅で上手に再現することができます。どの調味料をどれくらいの配分で使っているかを「言語」や「視覚」的なものではなく、「味覚」という別の感覚で理解し、再現できるのです。

「この味はおふくろの味だ」とか、「このにおいは、別れた恋人を思い出す」、あるいは「雨のにおいがするから雨が降り出すのがわかる」といったように、味やにおいを過去の記憶や経験とリンクさせる人は、身体感覚認知力が敏感だといえるでしょう。

前出の『話を聞かない男、地図が読めない女』によると、触覚は女性のほうが男性より敏感だといいます。同じように、味覚や嗅覚も女性のほうがすぐれているそうです。

それは、男性は獲物や敵と戦って負傷しても痛みに耐えられるように皮膚感覚が鈍くなった一方、女性は採ってきた果物の鮮度を見極めるために嗅覚と味覚の感受性が上がったからだといいます。ですから、このように自分のからだの感覚や感性をよく知っていてうまく使いこなせるのは、女性のほうが多いのかもしれません。

一方で、女性は男性ほど脳の局在がはっきりしていません。両手利きは圧倒的に女性のほうが多く、左右両方の脳を効率的に使えるように思えますが、左右の違いを認識しづらいのも女性です。

私は外来で予防注射をするときに「左手に打つよ。どっち側かな？」と聞くようにしています。実際に男の子は四歳頃からしっかり答えられる子が多いのですが、女の子は小学校低学年でも間違えることもあります。これは、私の経験としてもうなずけます。

私はダンスが非常に苦手です。スポーツジムのエクササイズでインストラクターの振りつけを真似ようとしても、お手本になる人が対面向き（自分と左右が逆）でも正面向き（自分と左右が同じ）でも、自分のからだの左右がわからなくなりますし、手を上げるのか足を下げるのかの違いすら混乱します。

ダンスをするためにはお手本を見るという視覚情報、音楽を聞くという聴覚情報だけでなく、自分のからだの大きさや位置、動き、左右差をよく理解してお手本を真似、リズムに合わせてからだを動かす必要があるのです。これらは視覚や聴覚のほか、固有覚や前庭覚といった感覚も大きく関わっています。

外来を訪れた患者さんの中に、「学校での勉強はなかなか覚えられないけれど、ダンスの振りつけだけは誰よりも早く習得できる」という中学生の男の子がいました。

彼に実施した知能検査では、ワーキングメモリー（作業記憶）や遂行機能（何かを計画して実行する能力）の評価点が低いので、数字や文字、言語を用いる課題はたしかに不得意そうです。しかしながら、彼は自分のからだを使って外界の音やリズムなどの情報を処理し、記憶する能力は長けているのです。

それは、からだで覚えた記憶は、脳の中の記憶のルートも記憶する場所も違うためです（一八八ページ参照）。知能検査ではなかなか評価することが難しい感覚ではありますが、学校の勉強ができなくても、彼にはダンスの才能があるのです。

運動やダンスが得意な人は、固有覚や前庭覚といった身体感覚がすぐれており、ボディイメージがよいのです。

次のページの絵を見て、右手か左手か瞬時にわかりますか？　絵だけでわかる人、同じ手の形をしないとわからない人、絵と同じ手の形にもしづらい人とさまざまです。

一瞬で理解するか、順番に把握するか

私は、個人の認知特性や認知構造を知るために、学校や社会での知能検査を活用するのも悪くないと思っています。さらに、それと合わせて推奨したいのが「認知検査」の活用です。

一九八三年にカウフマンらによって開発された「K－ABC」という認知検査法がありま

右手か、左手か、すぐにわかりますか？

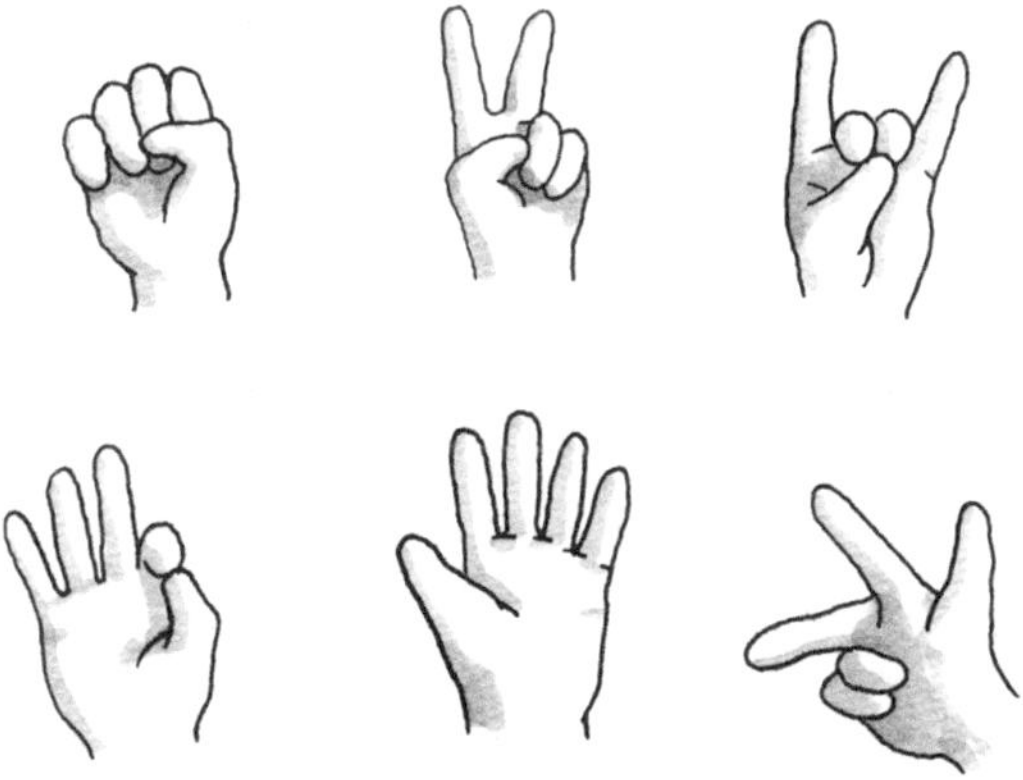

す。この検査は二歳六カ月から一二歳一一カ月の子どもが対象ですが、子どもの認知パターンの特徴（情報の処理の仕方）が調べられるため、教育方法を選択する上で非常に有用な検査です。

K－ABCでは、認知処理の方法には「同時処理タイプ」と「継次《けいじ》処理タイプ」という二つのパターンがあるといっています。

同時処理とは、一度に多くの情報を全体的に大雑把に認識し、その中の部分同士の関係性から情報を処理する方法です（九三ページ図参照）。一方、継次処理は一つひとつの情報を時間的に順序立てて連続処理していく方法です。

つまり、同時処理が、はじめに全体を把握してからそれを構成する部分に着目して情報処理するのに対し、継次処理は構成している部分同士のつながりを理解してから最終的に全体の情報を処理するのです。

図から解答を導き出すか、方程式を利用するか

同時処理と継次処理という二つの情報処理の方法を、もう少し具体的にご説明しましょう。

日常生活を送る上で、人は同時処理と継次処理の両方を使っています。

たとえば、長文を読解して設問に答えるような場合、本文全体がどのようなことを意図しているのか漠然とイメージをつかむのが同時処理、物語を最初から段落ごとに理解しながら、場面による状況を把握していくのが継次処理です。あるいは、図やグラフで処理するのが同時処理で、方程式で解いていくのが継次処理です。

雑誌の編集で考えてみましょう。見開き二ページに特集を組むとしたとき、情報をわかりやすくするために、どこに写真やイラストを載せようかと考えるのが同時処理、文章を使ってわかりやすく説明しようとするのが継次処理です。

家事でも同じです。部屋全体を見渡して、何から始めようかと考えるのが同時処理、洗濯

巣箱のつくり方で同時処理と継次処理の違いを見てみましょう

最初に完成した巣箱の全体に着目。次に屋根や壁などの構成部分見て、それらのつながりを考えながらつくる

まず、構成部分となる屋根や壁に着目。解説書を読んだりして、それらをつなげる手順を考えてからつくる。最後に全体を見渡して完成させる

物を洗濯機に入れて洗い、干し、次に風呂を洗う……という手順を考えるのが継次処理です。

この二つの認知処理パターンは、認知特性のうち大きく視覚優位者と聴覚優位者と言語優位者の分類としてそのまま当てはめることができます。

同時処理は、視覚優位者に向いている方法です。一方の継次処理は言語優位者、聴覚優位者に向いています。それは、視覚は一瞬にして多くの空間情報を大雑把に把握するのに対し、聴覚や言語は時間を、連続的に流れた情報として把握するものだからです。

第3章

人には本来どのような能力が備わっているのか

認知特性と能力には関係がある

能力の種類

人にはもともとどのような能力が備わっており、それが低いとどのようなことが起きるのか、本章では探っていきましょう

能力の種類	能力が低いとき
視覚的ワーキングメモリー	文字や人の顔をなかなか覚えられない
聴覚的ワーキングメモリー	電話番号や人の名前をなかなか覚えられない
言語操作力	(読む力) 文章の意味がわからない
	(書く力) 文章が書けない
	(聞く力) 聞いたことが理解できない
	(話す力) 上手に話をまとめられない
数操作力	足し算や割り算ができない、単位が理解できない
推論力	時計が読めない。なぞなぞやクイズが苦手
空間認知力	運動やパズルが苦手。足の小指をドアにぶつけやすい
視覚認知力	似た漢字の区別がつかない。文章を読むときに行を飛ばしがちになる
聴覚認知力	救急車が近づいてきているのかどうかがわからない。周囲の音に気を取られる

一般常識	他人に不快感を抱かせてしまう
処理能力	決まった時間に仕事を終わらすことができない
手先の巧緻性	折り紙を折るのが下手、きれいな字をスピーディーに書けない
粗大運動能力	目的に合った運動を効率よくできない
柔軟性	トラブルが続いたとき、対策を次々とたてることができない
秩序性	考えに一貫性がない。新しいことにチャレンジできない
創造性	新しいアイデアを生み出せない
社会性	コミュニケーションが取れない
衝動性	思いつきで行動してしまう。なかなか行動に移せない
遂行機能	時間配分や優先順位、手順を考えて効率よく仕事をこなせない
継続力	同じ作業を続けることができない
時間感覚	５分が自分の中でどれくらいの時間なのかがわからない

知能検査で人の能力の何が測れるのか

知能は、しばしば知識、あるいは学習能力と混同される場合があります。それは、「知能検査」で測ることのできるＩＱと同一視されるからかもしれません。

たしかにＩＱが高い子どもは概《おおむ》ね教科学習での成績が優良であり、ＩＱと社会的な成功には相関があるとしている研究もあります。しかしそれは、知能検査そのものが学校での教科学習に偏向した検査だからです。だから、ＩＱが高い子どもの「学習能力は高い」といえても、「知能が高い」とはいい切れません。

日本の医療や教育の現場で使用されている知能検査で測られるのはＩＱであり、知能の一部にすぎません。知能検査で知能の一部を測定する意義は、知的発達の指標を知ることと、個人の認知構造を知ることです。だから、知能検査は「不正確」というよりは、「不完全」な評価判定基準であるといったほうがよいかもしれません。そもそも人間の脳の高度な働きである知能を、画一的な検査だけで評価することは難しいでしょう。

知能にはさまざまな側面があり、知能検査で評価されている能力だけでは人を評価しきれませんが、学校での学習で必要な能力であることはもちろん、社会人になってからも求められる能力が網羅されています。

小児科領域で広く用いられている知能検査の一つに「ＷＩＳＣ－Ⅲ」があります。考案者のウェクスラーは、この検査で測る知能を「目的に沿って行動し、合理的に思考し、能率的に環境を効果的に処理する個人の総合的・全体的能力」と定義しています。つまり、個人のパーソナリティー（性格）から、課題に対する意欲といったさまざまな能力も含めて評価しているのです。

ＷＩＳＣ－Ⅲは、五歳〇カ月から一六歳一一カ月までの知能を測定する個別式検査として日本において標準化され、教育現場でも幅広く用いられるようになりました。

検査には、表のような一三項目の課題があります（一〇〇ページ参照）。これらの課題は、大きく二つにわけられます。

一三の課題のうち、１～６は言語性課題で、耳で聞いた情報を理解し、言語として答える能力を測ります。残り七問は動作性課題で、目で見た情報を時間的、空間的に理解し、手を使って答える能力を判定します。大雑把ですが、認知特性でいうと言語性課題は言語優位者あるいは聴覚優位者が、動作性課題は視覚優位者が得意です。

そこで、ＷＩＳＣ－Ⅲの課題から人の能力には何があるのか、能力と認知特性の関係について説明しましょう。

WISC－Ⅲで測れる能力

課題	出題方法	測れる能力
1 知識	提示された言葉について、日常的な事柄や場所など一般的な知識について答える	一般的な事実についての知識量
2 類似	共通の概念を持つ2つの言葉の類似点を答える	論理的なカテゴリー思考力
3 算数	口頭で示された算数の問題を暗算で答える	計算力
4 単語	提示された単語の意味を答える	言語の発達や知識量、表現力
5 理解	日常的な問題解決と社会的なルールなどについての質問に対し、どうするべきか答える	日常での知識量と表現力、過去の経験や事実を正確に評価する力
6 数唱	聞いた数字を、同じ順番、あるいは逆の順番で答える	聴覚的な短期記憶（ワーキングメモリー）
7 絵画完成	絵カードでおかしい箇所を指差し、または言葉で答える	視覚情報へ反応する力や視覚的長期記憶
8 符号	見本を手掛かりに簡単な記号を時間内に多く書く	視覚的短期記憶、処理速度、集中力、機転
9 絵画配列	短い物語が描かれた絵カードを物語になるように並べかえる	時間概念や、物事を全体的に判断し結果を見通す力
10 積み木模様	手本と同じように積み木を時間内に組み立てる	空間認知力や、全体を部分に分解する力
11 組み合わせ	パズルを時間内に完成させる	部分の関係性から全体を見通す力
12 記号探し	左側に書かれている記号が右側のグループの中にあるかを探す	視覚的な短期記憶と探索の速さ
13 迷路	制限時間内に迷路を解く	視覚的パターンを運筆の運動として協調する力や全体を見通す力

メガネをどこに置いたか忘れてしまわないか……ワーキングメモリー

記憶には、長期記憶と短期記憶があります。

長期記憶が頭の引き出しの中に情報をストックしていく状況であるとしたら、短期記憶は引き出しには入れない、たとえてみれば作業台の上に情報を一時的に置いておく記憶の仕方です。ですから、短期記憶はワーキングメモリー（作業記憶）ともいわれ、脳の前方にある前頭前野《ぜんとうぜんや》が担っています。作業台の上に一時的に保留しておく情報は、ある行動をやり終えたら不要となりますが、作業台の上で今後も必要であると判断された情報は引き出しに片づけられ、長期記憶としてストックされます。

たとえば、買い物に行くときに買ってくるモノを一時的に覚えるのがワーキングメモリーです。買い物がすんだら、その記憶は消えてしまいます。

脳の中にあるワーキングメモリーのための作業台は大きさがだいたい決まっているのですが、人によって差があります。作業台が大きければ大きいほど多くの情報を一度に置くことができますし、さらにその作業台の上の情報をきちんと整理し、操作できます。

それは、ワーキングメモリーは次に何をすべきか、計画を立てて実行するために必要な力だからです。そのための「計画・段取り・手順・実行」の四つを遂行機能といいます。遂行機能については後述しますが、たとえば、家の中を掃除していたら、洗濯物が目に入り、いったん掃除を中断して洗濯機を回そうと洗面所に行ったら、今度は風呂場が汚いことに気づいて洗剤を手にしていた、というような経験はありませんか。

これは、ワーキングメモリーが弱いためにいろいろな情報刺激に引っ張られてしまい、一つの物事を最後まで継続完了できないまま、次々と別のことに手を出してしまっているのです。これでは物事が計画通りに遂行できません。

さらに、ワーキングメモリーは短期的な記憶ですから、注意（attention）や集中にも大きく関与しています。たとえば、ボールペンやメガネをどこに置いたか忘れて、捜し回るようなことが多い人は、注意力が足りないともいえますが、言い換えるとワーキングメモリーの弱さが原因なこともあります。学校の提出物など忘れ物が多いのも、ワーキングメモリーの弱さが大きく関与しています。

ワーキングメモリーは、「視覚的ワーキングメモリー」と「聴覚的ワーキングメモリー」にわけられます。

視覚的ワーキングメモリーは、目で見た空間位置や物体、文字やモノの数などの情報を記憶します。視覚的ワーキングメモリーが悪いと文字を覚えにくかったり、一度通った道や一度会った人の顔をなかなか覚えられません。

一方、聴覚的ワーキングメモリーは、耳で聞いた言葉や音、音階などを記憶するものです。これが悪いと、指示されたことや説明された内容を頭の中で整理して処理することができません。

記憶の仕方は認知特性によって異なります。

視覚優位者は、物事を覚える際、見たままの映像を記憶します。

言語優位者は、情報を頭の中で言語に置き換えたり、記憶をより論理的なものに変えてから作業台の上に置くので、物語の一文を記憶したり、ゴロ合わせやエピソード記憶として覚えたりするほうが得意です。

聴覚優位者は物事を覚える際に、音（言語や音楽）として作業台の上に置くので、電話番号案内の１０４番で聞いた番号をすぐに覚えたり、九九を暗唱で覚えたりするのが得意です。

たとえば、果物かごの絵を見せて何が描かれてあるのかを一五秒間で覚えるように指示をします。

すると、視覚優位者は言語に置き換えることなく、映像としてそのまま視覚的に記憶し

視覚優位者は、
見たままを覚える

目玉焼き、
ソーセージ、
目玉焼き、
ソーセージ‥‥
お皿にのった
目玉焼きと
ソーセージ

聴覚優位者は、言語に置き換え、音にして覚える

言語優位者は、言語に置き換え、エピソードにして覚える

ます。一方、言語優位者、聴覚優位者は絵を言語に置き換えて記憶するのですが、言語優位者は頭の中で「リンゴやオレンジ、イチゴが入った果物かごが描かれている」と言葉を書いて覚えます。聴覚優位者は「リンゴ、オレンジ、イチゴ、リンゴ、オレンジ、イチゴ……、㋷、㋔、㋑」と言葉を口にして、最後は音で覚えます。

その後、絵を伏せて、見た絵を三〇秒後に口頭で答えるように指示すると、言語・聴覚優位者は頭の中で言語に言い換えて記憶を保持しているので、そのまま言語を想起して答えるでしょう。

逆に、視覚優位者は映像として作業

台の上に置いている情報を、言語に置換して答えます。そのため、視覚優位者は言語で答えさせるよりも、新しい図を見せて「先ほどの絵と同じ絵はどれか指差してください」という課題のほうが、言語を介さずに映像イメージのみで処理できるので答えやすいのです。

文字を読み間違えたりしないか……言語操作力1

「読む」「書く」「聞く」「話す」とき、言語操作力が発揮されます。言語操作力は生活を送る上で最も必要とされる力ですが、この力が発揮されるには後に述べるさまざまな能力も求められます。

言葉を「読む」には、ひらがなやカタカナ、漢字を視覚的な形として覚え、さらにそれに結びつく聴覚的な音を認識しなくてはなりません。

また、読めるだけではなく、同時に内容を理解する力も必要です。文字という抽象的な形、あるいは、複数個の文字からなる単語、たとえば「リンゴ」をひとかたまりの形として視覚的に認知する力、文字や単語を聴覚的な音と結びつける力、文字の形と音を記憶する力、言葉の意味を理解する力が必要となります。

「書く」という能力には、単純に「文字を書く力」と、文法や表現力を駆使して「文章を書く力」の二つがあります。

単純に文字を書くには、「読む」と同じように文字を視覚的に詳細部分まで認知、記憶する力、頭の中で想起した文字を運筆によって適切な大きさや幅、濃さで紙に書く力、目で見て文字を書くための目と手の協調性が必要になります。文章を書くためには、文を構成する力や経験記憶（過去の体験に関連した記憶）がもとになる表現力が必要です。後者の表現力という点では、「話す」ことにも関係します。

さらに、字を「書く」というスキルは、運筆力として手先の器用さ、ノートのマス目を意識して適切な大きさの文字を書く空間認知力などの能力も必要です。

視覚優位者である私の八歳の息子は、ひらがなの「読む」「書く」の間違いがいまだにあります。これは、文字を聴覚的な音と結びつける音韻処理のプロセスが悪いのが原因でしょう。しかし、新しく習う漢字は難しい字でもあっという間に「形」として覚えるのです。

それは、ひらがなが表音文字、漢字が表意文字であることから理解できます。ひらがなは文字と音を一対一で結びつける音韻プロセスが必要であり、聴覚的な音処理がより求められる文字です。一方、漢字は視覚的なイメージ（picture）と意味を結びつけている文字です。

文字を読むときは、視覚優位者で聴覚認知力（聞いた情報を処理する能力）が弱い場合、目で見た文字と聴覚的な音の結びつきが悪いために、とくにひらがなでは文字を抜かしたり、余分な文字を加えて読んでしまったりします。

逆に視覚認知力（見た情報を処理する能力）が弱い場合、形が似ている文字を読み間違える、偏とつくりを逆にしてしまうといった壁にぶつかる可能性があります。

また、言語優位者でない場合は、文字の「読む」「書く」に問題はなくても、書かれている内容の理解がしづらいという場合も出てきます。

順序よく物事を説明できるか……言語操作力２

「読む」「書く」は学校で習得される技能ですが、「聞く」「話す」は、読み書きを覚える以前から日常生活の中で発達していきます。

それは、日常生活の中で「聞く」「話す」は、コミュニケーション力としても社会的技能としても重要な役割を果たしているからです。

話を聞くには、正確に音を聞き取る力と言語の理解力が必要なのはいうまでもありません。

耳で聞く言葉というのは、目で見て読む言葉のように永続的ではなく、次から次へと消えていってしまいます。言葉を聞いて理解するためには、聴覚的ワーキングメモリーと注意集中力も非常に重要です。周りの雑音をシャットアウトし、話をする人に注意を向けていなければ聞き漏《も》らしてしまいますし、ちょっと前に言った話の内容を覚えていなければ、つじつまが合わなくなってしまいます。

話す力には、文の構成力、言葉と意味との正確な対応力のほかにもさまざまあります。「発声する」点でいえば、発音やリズム感、声の大きさや抑揚などを調整する力も必要です。また、コミュニケーションとして話すためには、間《ま》、表情、話し方、身ぶり手ぶりなどといった表現力も必要となってきます。この能力は、画一的かつ構造的な知能検査では測れない力です。

もちろん自分の言葉でコミュニケーションするためには、表現力や創造性といった能力のほかに、ワーキングメモリーも重要です。

視覚優位者はもともと感覚的な右脳優位者ですから、言葉数自体が少なかったり、頭の中に描いたイメージが言語をはるかに超えてしまうので、物事を言葉で説明するのが苦手な人が少なくありません。

では、言葉で表現するのが苦手な視覚優位者のコミュニケーション力が低いかというと、そうともいえません。それは、言語による表現ではない別の形（絵や映像、建築物など）、つまり作品としての表現力を持っているからです。

一方、言語優位者、聴覚優位者のコミュニケーション力が高いかといえば、論理思考者というだけで、そうとも限らないのです。たとえば、言語優位者が相手に対して理論的に言葉攻めができたとしても、他者と意思疎通が図れないようではコミュニケーション力としては低くなり、社会的成功にもつながりません。

以前、有名なコピーライターの方が、「言葉は自分のモノではなく、相手のモノだ」と言っていました。自分が発した言葉は、相手に受け止められた瞬間に相手のモノになるというのです。言葉を受け取る相手の気持ちを考えた会話こそ、コミュニケーションといえるのでしょう。

また、ワーキングメモリーが弱い言語優位者では、話の内容があっちに行ったり、こっちに行ったりしてしまいます。話の要点にたどりつくまでに重要でない情報まで入れるため、「話が長く、何が言いたいのかよくわからない」ということになってしまいがちです。

話をしているときに「あの〜」とか、「えっと……」といった間を取る人は、聴覚的ワーキングメモリーが弱く、記憶している事柄を整理しながら説明しているのです。

分数が得意だったか……数操作力

二歳になると「もう一つ」とか「もう少し」を理解するようになり、三歳頃には一〇まで数えることができるようになります。数を数えるのは「計算する」ためのはじめの一歩ですが、最初は「いち」「に」「さん」という音を聴覚的に記憶し、唱えているだけなので、数の概念としてはまだ確立していません。

数の概念とは、数は永続的なもので、増える・減るという操作によって変化をし、その永続性が保たれ、大小という関係が成立するという量的な認識をすることです。リンゴが三つあったとき、それを「3」と書き、「さん」と発音すること、そして、三つのリンゴのうち一つを食べると二つになることが理解できないと、足し引きといった数の操作ができません。

数には、1、2、3……という「順番系列」としての数概念と、分解と合成ができる「量」としての数概念があります。

系列としての数は2の次が3、10の前は9という、いってみれば点と点のつながりのようなものです。一方、量としての数は連続的なもので、合成と分解ができるのです。10とはどれくらいの量なのか。たとえば、10は「2と8」、あるいは「3と7」からできているということ。九九では「2×5＝10（にごじゅう）」と暗唱して覚えますが、「2×5＝

10」というのは2が5個あるという量的な概念が確立して、はじめて10という数を理解したことになるのです。

子どもがお風呂で一〇〇まで数えることは、系列としての数概念でしかなく、小学生以降で要求される量概念ではありません。この量感という数のとらえ方ができないと、小学生が算数でつまずく大きな要因の一つとなります。

みなさんは、九九の暗唱や分数は得意でしたか？

九九や分数は、量概念です。九九は量概念と同時、あるいはそれよりも前に覚えます。しかし、まだ概念が確立していない子どもにとって、九九は意味を持たない音（数字）の羅列のため、聴覚的ワーキングメモリーが必要です。そのため、聴覚的ワーキングメモリーの弱い子どもは暗唱ができなくてへこたれてしまいます。このような子どもは、目で見て覚える九九表や「ビジュアル九九カルタ」（文溪堂）など、視覚的な手掛かりを併用して暗記するほうが効率がよいでしょう。

割り算でつまずく子どもは、系列と量の概念がゴチャゴチャになっていることに原因がある場合が少なくありません。

量概念がつきにくい子どもは、九九や分数のほかにも六〇進法の時計や、ℓ（リットル）や

dℓ（デシリットル）、m（メートル）や㎝（センチメートル）などの単位でもつまずきやすいです。

ＷＩＳＣ－Ⅲでの算数課題は、書かれている文章題を読んで答えるのではなく口頭で出題されるため、数の概念のほかにも、さまざまな能力を測ることができます。

計算するためには数の概念の確立は大前提ですが、耳で聞いた問題を覚えるための聴覚的ワーキングメモリー、問われている内容を理解する言語理解（すなわち言語操作力）、単位などの抽象概念を理解する推論力といった能力が必要です。

数の概念を理解していても、言語操作力が悪くて問題文が理解できなければ答えは出ません。算数ができるためには国語力も必要といわれる所以《ゆえん》は、ここにあります。計算は早いけれども文章問題が苦手な人は、数操作力では問題ないのですが、言語操作力がよくないのです。逆に、計算ミスや単位のつけ忘れなどのケアレスミスが多い人は、ワーキングメモリーや注意集中力に問題があります。

時計がすぐに読めたか……推論力

推論力とは、言語的、数操作的、さらには時間的、空間的に抽象的な思考ができること、言語を用いた論理的な思考ができること、過去の記憶や経験をもとにして応用ができること、柔軟に対応できることなどです。

推論力は、ほかの能力とともに働くことで発揮される力です。つまり、前述の言語操作力や数操作力と密接に関係し、多くの影響を与えます。

読む力や書く力があっても、推論力がなければ文章の意味は理解できませんし、計算ができても単位が理解できなければ時計を読むことができません。大小の比較や似た漢字の違いも理解が難しくなってしまいます。なぞなぞやクイズが苦手な人は、推論力の低さが原因かもしれません。

パズルが得意か……空間認知力

モノの形や大きさ、位置、方向などを把握する能力です。右脳によってコントロールされているので、「右脳の力」ともいわれます。

空間認知力というとピンとこないかもしれませんが、狙った場所にボールを当てる、飛んでくるボールをつかむ、跳び箱を跳ぶ、左右を間違えない、行を飛ばさずに文字を読む、画用紙いっぱいに絵を描く、ノートのマス目に合わせた大きさで字を書く、ひらがなあるいは漢字の偏やつくりを認識する、きれいな字を書く（字を整える）、パズルをする、片づけをする、地図を見ながら目的地にたどり着く、クルマの車庫入れをする、弁当箱におかずを上手につめるなど、実生活に密接に結びつく力です。

極端な話ですが、脳出血を起こして空間認知力を失ってしまった患者さんは、「目の前にある階段がはしごのように見える」と言います。奥行き感がつかめないために、三次元の世界を二次元の世界として認知してしまうのです。

左右が認識しづらい人、よく足の小指をドアにぶつける人、つまずきやすい人、クルマをぶつける人は、前述のボディイメージ（からだの大きさや動き、力の強さなど）とともに空間認知力の弱さが原因かもしれません。

空間認知力は、視覚や聴覚、前庭覚、固有覚などのさまざまな感覚と連動し、脳の中で認知されます。目で見たものの形や大きさや距離、速度、あるいは聞こえてくる音の強弱などの情報を、自分のからだのボディイメージと経験記憶に統合させて、空間として認知し、行動に変えるのです。

認知特性からいえば、右脳優位でもある視覚優位者が得意な能力といえます。

似た漢字でも問題なく覚えられたか……視覚認知力

「鷹」と「鳶」のように、少し複雑でよく似ている漢字はたくさんあります。このような漢字をきちんと覚えるのは得意でしょうか、苦手でしょうか。

視覚認知力とは、前述の空間認知力と同様に生活に密接に関係する能力で、いわゆる「目《め》力《ぢから》」といわれるものです。

目力には、眼球を対象物に合わせて動かす力（眼球の運動神経）、図の細部まで注意集中させて見落とさない力、一度に多くの情報を見る力（きちんと情報として認知できる力）、違いに気づく観察力などが含まれます。

目力は発達とともに身についていく力なのですが、視覚認知力が弱いと、点や線の位置関係がわからない、区別がつきにくいために文字を覚えることが難しい、似た漢字が判別できないといったことが起こります。あるいは、目で文字を追うことが難しく、行飛ばしが目立ったり、文章を最後まで読まずに雰囲気でわかったつもりになったりします。

また、距離感やスピード感がつかめないために、運動神経も悪くなります。

学習のつまずきがある子どもには、視覚認知力に問題を抱える子どもが多いことがわかっており、視覚認知力に焦点を当てた「ビジョントレーニング」という支援教育も日本で行われるようになってきました。

救急車のサイレンがどこから聞こえるか……聴覚認知力

救急車のサイレンがどの方向から聞こえてくるのか、すぐにわかりますか。自分が思っていたのとはまったく違った方向から救急車がやってきた、という経験はありませんか。

聴覚認知力とは、耳から聞こえてくる音情報を処理する能力です。認知特性でいえば、聴覚優位者にすぐれている力です。

視覚認知力が「目力」であれば、聴覚認知力は「耳力」であり、音（教室内でいえば先生の話している内容）の情報を理解する力、音に注意を向ける力のことです。そのため、言語操作力とも密接に関係します。

音に注意を向ける力といいましたが、その場に不必要な音情報を遮断できる力も、聴覚認知力です。これは注意集中力とも関係するのですが、教壇で先生が話をしているときに校庭から聞こえる笛の音が気になってしまうのは、聴覚認知力が強すぎるがゆえに逆に聴覚認知力が弱くなっているからです。

聴覚認知力が弱いと、どこから音が聞こえているかを特定することができませんから、たとえば救急車のサイレンがどこから聞こえてくるのか、セミがどの木で鳴いているのかなどがわかりにくくなるのです。

電車に乗るとき、切符を買う理由を説明できるか……一般常識

一般常識とは、実生活の中で自然と獲得し、理解していくものなので、能力とは関係ないと思われる人も少なくないかもしれません。しかし、一般常識は人が社会で生活していくのに欠かせません。所属する社会によって常識は異なりますが、ある程度の常識がないと誰かに迷惑をかけたり、不快感を抱かせたりすることになり、結果としてコミュニケーションが取れなくなります。そのため、一般常識は能力としてみなされるのです。

ＷＩＳＣ－Ⅲでも一般常識は社会で適応していくために重要な能力として位置づけており、知識や理解という言語課題で評価します。

たとえば、「電車に乗るとき、なぜ切符が必要なのですか」といった質問をされるとします。「料金を払わないと電車に乗れないから」「料金を払ったことを示すために切符を買う」などと答えなくてはならないのですが、そのためには論理的な思考力が身についていなければなりません。

決まった時間に仕事を終わらせられるか……処理能力

処理能力とは、言語を介さずに作業をこなしていく能力で、論理的思考を必要としない単純な事務作業能力ともいえます。

つまり、同じ事柄をスピーディーにミスなく繰り返し作業する能力なのですが、視覚認知力やワーキングメモリー、注意集中力、注意持続力、モチベーションを保持し続ける力（継続力）、情報を瞬時に判断する判断力と転換力、そして後述する手先の巧緻性《こうちせい》も必要です。たくさんの能力を必要としますが、鍛えれば鍛えるほど効率がよくなる力でもあります。

処理能力がないと、何事も最後までやり遂げられない、決まった時間に何かを終わらすことができないなど、日常生活でも支障を来します。

スピーディーにきれいな字が書けるか……手先の巧緻性

巧緻性とは聞き慣れない言葉かもしれません。「巧緻」とは、「精巧で精密なこと。巧みで細部にわたってよくできていること」という意味があり、線の上をハサミでまっすぐ切る、折り紙を折る、字を書く、箸を使うといったように、日常で道具を使う手の操作力のことです。簡単にいうと、器用か不器用かということです。

手先の巧緻性は経験値によっても左右されますが、二〜三歳の幼い子どもでも箸やハサミの使い方のうまい下手がわかれるように、先天的な能力として備わっている力でもあります。

手先の巧緻性には、視覚や触覚などの感覚入力と、それに対する手の微細な動きや力の調整が必要となります。たとえば、線の上をハサミで切るときは、線を視覚的にとらえながら、ハサミを持つ指の力や方向を、適切なスピードで調整していきます。

巧緻性を高めるには前述の視覚認知力の発達も重要ですが、同時に細かい作業を行うための手指の使い方の発達も重要です。生まれたばかりの赤ちゃんは、当然ながら指をうまく使えません。手指全体を握ったり開いたりする運動発達から、巧緻性の発達は始まります。その後、指の「分離」が始まり、指を一本一本分離して操作ができるようになります。

指の分離には「静的分離」と「動的分離」とがあります。

静的分離とは指を一本あるいは二本を伸ばしたまま、ほかの指を曲げた状態が維持できることです。たとえば、ピースサインやキツネの形が維持できるといったことです。

動的分離とは、指がそれぞれ別の動き・操作をする状態です。指を順々に曲げたり伸ばしたりして、一から一〇まで指を折って数えられるようになったら、五本の指が動的に分離できたことになります。指の分離運動を脳できちんとコントロールし、目で見た視覚情報と統合できることで手先の巧緻性につながるのですが、それはすなわち、大脳と小脳が上手に機能している証拠です。

そのため、手先が器用な人は、脳を効率よく上手に使えているということになります。逆に考えれば、幼い頃から手作業を多くしていれば、脳が発達しやすくなります。

WISC－Ⅲでは直接的な数値として手先の巧緻性を判定することはできませんが、積み木や組み合わせ（パズル）、符号、迷路などの問題を通してその能力を見ることができます。これは処理速度に密接に関わっています。

手先の巧緻性が高ければ、字をきれいにスピーディーに書くことができるので、効率よく学力を伸ばす、または仕事をこなすことにつながります。

知能検査ではわからない能力とは何か

このように見ると、WISC－Ⅲの課題からは知能の一部しか測れないことがわかるのではないでしょうか。しかしながら、知能検査の結果は実際の能力と密接に相関していることも、同時におわかりになったことでしょう。

話は変わりますが、二年前に私は息子の小学校受験を経験しました。そして、小学校受験で問われる内容が知能検査課題に類似していることを知りました。知能検査からわかるＩＱが学業成績に相関するのですから、当然といえば当然です。

一方で、小学校入試で要求される能力が、知能検査の類似課題だけでないことも知りました。つまり、知能検査だけでは測れない能力が、学校生活を潤滑に過ごすために必要であると、出題者側である学校は認識しているのです。これも、当然といえば当然です。

文武両道のためには運動能力も必要ですし、学級崩壊の原因となる問題行動がないか、いじめなどの問題が起きないよう友だちとうまくつき合えるかどうかの社会性も重要です。

最近の小学校受験ではＩＱ重視の一斉ペーパーテストの比率が下がり、創造性や柔軟性を問う課題や、数人で協力して答えを導き出すといった社会性を見る課題、さらに面接などを重視する学校が増えてきたそうです。

ある一定の学習基盤力があれば、就学後の教育によって学習力をつけることはできますが、その学習基盤を支えるものは柔軟性であり、創造性であるという認識が高まったのでしょう。また、学校という社会の中での適応力、すなわち社会性は、学校生活全体を円滑に過ごさせるため、学習能力以上に重要なポイントであると考える学校が増えてきたのでしょう。

では、知能検査では判定できない、けれども人として求められる能力には何があるのか、小学校受験の内容からその能力をピックアップし、説明します。

運動音痴といわれてきたか……粗大運動能力

歩く、走る、跳ぶというようなからだの動きを粗大運動といいます。粗大運動能力とは、簡単にいうと運動神経のことです。これは持って生まれた才能によるところも大きいのですが、経験によって鍛えられていく能力でもあります。

粗大運動は、まず自分のからだをきちんと理解することで発達していきます。つまり、自分のからだがどれくらいの大きさで、どれくらいの力があって、どうやってバランスを保つのかという前述のボディイメージを確立させることです。

その上で、コーディネーション能力（協応性）によって、目的に合った運動が効率よく実行できるようになります。

コーディネーション能力とは、目や耳などの感覚器から入力された情報を脳で処理し、筋肉を動かすという一連の運動プロセスを、瞬時に適切に行うための能力のことです。

手足のコーディネーションがよいということは、手先の巧緻性と同様に脳をうまく使えている証拠なのです。

問題が起きてもすぐに対策が取れるか……柔軟性

ここでいう柔軟性とは、脳の柔軟性のことです。この手がダメならあの手、押してダメなら引いてみるというように、次々に戦略が浮かぶ力です。

ある課題に対して、記憶の中から「仮説」をたて、「検証」し、「思考」をする力のことなので、「仮説思考力」と言い換えることができます。頭の中の経験記憶をいち早く選択し、状況に合わせて転換させ、新しいアイデアとして応用させるのです。そのためには、記憶の引き出しの中にストックが多くなければならず、さまざまな体験をしてきた人のほうが柔軟性は高いといえます。

柔軟性は日常生活で生じる問題を解決するときに、最も求められる力です。そのためかどうかはわかりませんが、最近の中学受験では柔軟性が試される試験が多く出されるそうです。柔軟性を伸ばすコツとして、ある中学校受験の情報誌に「小学三年生の一年間はひたすらパズルを解いていればよい」という記事が掲載されていました。

人は九歳を境に「記憶の脳」から「思考の脳」にシフトされるという話をご存じの方は少なくないでしょう。切り替わる時期に、たんに「暗記＝記憶」という訓練をするのではなく、パズルをすることによってあの手この手を考え、さらには「うまくいった！」という経験記憶の引き出しを増やすことができます。

そうして「思考する脳」へシフトしたときに、柔軟性が身についているのではないでしょうか。

いつも同じメニューを注文していないか……秩序性

同じレストランに行くと、決まって同じメニューを注文していませんか。もし当てはまるようでしたら、秩序性が高いことになります。

ここでは、秩序性という能力についてお話ししましょう。

秩序性が高い人は、決まったパターンでの行動や思考を守るので、失敗のリスクが低くなります。しかしながら、秩序性に固執してしまうと、周囲に合わせることが難しくなり、社会性が低くなってしまいますし、自分の壁を壊すことができないため、新しい発想が浮かびにくくなります。作業効率も下がり、結果として、融通の利かない人となってしまうのです。

秩序性は高すぎても低すぎても問題が生じてきます。

コンビニエンスストアで新商品を見つけてもいつもと同じモノしか買わない人、決まった場所に常にきちんとモノを片づける人、家に帰るのにいつも同じ道しか通らない人も秩序性が高いです。一貫性があるともいえますが、もう少し柔軟性があってもいいでしょう。ぜひ、いままでとは違うことにチャレンジしてください。逆に、かばんの中や机の引き出しの中がいつもぐちゃぐちゃな人は秩序性が低く、もう少し自分の中で決まり事をつくることを考えなくてはなりません。

柔軟性と秩序性は表裏の関係にあるため、柔軟性の低い人は秩序性の高い人ともいえますが、社会での集団生活は必ずしも1＋1＝2とはなりません。柔軟に対応していくことも必要なので、バランスが整っていなくてはならないのです。

新しいアイデアを生み出せるか……創造性

創造性とは、新しいモノを生み出す能力です。

ここで気をつけたいことは、人は柔軟性によって新しいアイデアを生み出せるということです。しかし、経験記憶に後押しされたアイデアを生む力が柔軟性なのに対して、創造性はある意味、直感的、感覚的にひらめく能力です。

子どもの創造性を高めるには、夢中になって遊んだり、学んだりすることが必須とよくいわれます。これは、前者の柔軟性を使ってアイデアを生む力を高めるということです。

また、社会人として求められる基礎力の一つに「創造力」がありますが、これは「新しい価値を生み出す」という結果を出す力のことで、前者の経験記憶によるものであろうが後者のひらめきであろうがかまわないのです。

ここでいう創造性とは、「イメージ力」「独創性」とも言い換えられます。

創造性は知能や知恵と相関性が低いといわれており、知能検査で測定することができない能力の一つです。

仲間から好かれたいと思うか……社会性

社会性とは、集団をつくって生活しようとする人間の根本的性質であり、社会生活を営むための能力です。

発達心理学的にいえば、①他者に対して適切な対応ができること、②集団の中で協調的に行動できること、③仲間から好かれたいという欲求や仲間として認められたいという欲求を持つこと、④社会的関心、時代の情勢、風潮に関心を寄せることです。これは、コミュニケーション力と同意義ともいえるのではないでしょうか。

息子が受験した私立小学校の考査で、こんな課題が出ました。

「教室にいる三〇名の中から三人組をつくり、三人で力を合わせて、用意されているダンボール・ペットボトルのキャップ・紙コップ・色紙を使っておもちゃをつくり、ルールを決めて遊びなさい。そして最後に、ほかのグループにその内容を説明しなさい」

非常におもしろい、そして難儀な課題です。

初対面の子ども同士、それも蹴落とさなくてはいけないライバル同士（子どもが意識しているかはわかりませんが）でグループをつくり、創造性と柔軟性を駆使して工作し、遊び、さらにルールに従った社会性も見せ、最後には皆の前で発表せよ、というのです。大人でも苦慮する課題です。

当時、年長だった息子は近くにいた二人の男子といち早くグループになり、三人で相談して紙相撲をつくり、交代で対戦して遊びました。親バカながら「何というすばらしい社会性、何てすばらしい創造性！」といたく感動したのを覚えています。

お陰様で息子のグループは三人とも合格し、入学後は三人でいつも一緒に行動しています。

そんな入学後のことまで学校側が意図したとは思いませんが、「恐るべし、小学校受験」です。

バイキングのとき、皿に山盛りによそってしまうか……衝動性

衝動的な行動というのは、一般的にはあまり喜ばれないものかもしれません。

衝動性が高いと、思いつきで行動してしまったり、他人から言われたことに対してその背景を考えずに反論したり、ときには罵声《ばせい》や暴力を用いるような反社会的な行動が表れることもあります。思い違いや勘違いも、衝動性ゆえの結果として生じる場合があります。

衝動性の反対語は「熟慮性」でしょうか。熟慮性とはじっくりと物事を考え、起こりうる結果を予測してから言動へ移すことですから、衝動的な行動よりも失敗は少なくなるでしょう。

しかしながら、熟慮性が高すぎるとなかなか行動に移すことができません。周囲からはトロい人、ノロマな人という評価となるかもしれません。

衝動性が高い人は失敗も多いかもしれませんが、さまざまな考えや行動を短時間で次々に生み出すことができます。衝動性に加えて創造性も高ければ、人のやらないことを考えつき、真っ先に行動できるので、社会で大成することもかなうでしょう。

さて、あなたは衝動性と熟慮性、どちらが優勢でしょうか。

買い物を例に考えてみます。

目にした商品が気に入ったとたんに購入を決めてしまう人、給料日や預金残高、すでに持っていないかどうか、本当に必要なものなのかなどを考えないで衝動買いをすることが多ければ、文字通りに衝動性が高い人といえます。

逆に、「買いたい」と思ってもその場ですぐに買わずに、家に帰ってからインターネットなどでほかの商品と見比べて吟味したり、値段の一番安いところを探す人、バーゲンで安くなるまで待てる人、すでに同じようなものを持っているからとあきらめられる人は、熟慮性が高い人です。

また、秩序性の高い人はこだわりが強いため、似たような商品を数多く、あるいは気に入ったブランドの商品ばかりを買い揃えたりする傾向があります。

次に、レストランのバイキングでの様子を考えてみます。

衝動性の高い人は、お腹が空いていればいるほど、並べられたごちそうを手当たり次第に皿に盛りたくなります。自分の腹八分目の量をわかっているはずなのに、目が食べ物を欲っするかのごとく、山盛りによそります。その結果、食べきれないことがよくあります。食べ残した料理の量はその人の衝動性の高さに比例しているのではないかと、私は常々思っています。

バイキングは何度でも料理を皿に盛れるのですから、熟慮性の高い人ならば、自分の腹具合と相談しながら料理の品と量を選び、調節するでしょう。

ちなみにこの場合、秩序性の高い人はどうでしょうか。「おいしいそう」「食べたい」と思った料理だけを取りに行くことでしょう。もしかしたら、そもそも秩序性の高い人は多くの料理が並ぶバイキング自体を好まず、お気に入りのレストランの、気に入っているメニューを頼みたいと思うのかもしれません。

整理整頓が得意か……遂行機能

遂行機能とは物事を計画し、段取りし、手順を考え、実行に移すまでの一連の流れを指します（一〇二ページ参照）。ワーキングメモリーとも関連の深い、脳の前頭前野でつかさどられる脳機能です。

処理能力と似ているのですが、処理能力は単純作業をこなす能力で、巧緻性や持続力が求められます。一方、遂行機能はどちらかといえば論理的なもので、計画や段取り、目的を達成させるための方法まで考え、それを実行する能力です。

遂行機能は、学校でも職場でも家庭でも、人が生活を送る上であらゆる場面で必要とされる能力です。

学校でいうと、時間割を把握して次の授業に必要なものを準備すること、課題を期限内に終わらせてきちんと提出することが遂行機能に値します。会社員では、一日のスケジュールを管理して会議に必要な書類をつくること、レストランのシェフなら次々にくる注文に対し、時間配分を調整しながら効率よく料理していくこと、主婦であれば一日の中で炊事や洗濯、子どもの迎え、買い物などをこなしていくことです。

期日内に終わらせなければならないノルマを自己設定し、時間配分を考え、優先順位と手順を考え、効率よく実行する。さらにいえば、実行した結果を自己評価し、修正点を探して、次回に役立てられるよう再計画します。

机の上や部屋の片づけ、整理整頓が苦手な人は遂行機能の弱い人です。また「一度に一つのことしかできない」という評価を周囲から下されてしまうような人も、遂行機能の弱い人です。

知能検査では、処理能力やワーキングメモリー課題の数値から、遂行機能をある程度予測することができるのですが、実際には学校や職場など実生活がスムーズに送れているかどうかによって判断するほうが確実です。

ジョギングを何年も続けられるか……継続力

その名の通り、物事を継続して実行していく力です。ＷＩＳＣ－Ⅲでは、処理能力と関係しています。勉強も仕事も継続力が必要ですが、同じ作業を繰り返し繰り返しこなすためには、とくに忍耐と根気が必要となります。

継続力が高い人には、秩序性も高い人が多いのではないかと思います。それは、ある決められた枠組みの中で繰り返しの作業を続けることができるからです。

ダイエットを続けられる人、ジョギングを何十年も続けられる人も継続力の高い人です。逆に、何事も三日坊主になってしまう人、転職の多い人は、当然ながら継続力が弱い人です。

継続力は、職業選択をする上で、最も見極めておきたい能力です。

どの職業も、一度就いてしまえばある程度の継続力は必要なのですが、とくに伝票処理などのような事務仕事は、継続力の高い人でなければできません。

継続力の低い人は、仕事に変化や刺激が必要です。変化が多少なりともあれば、物事を継続するのはラクになるからです。

営業事務ならば、社内での事務処理だけではなく、ときには外勤があると、それが変化となります。サービス業はいろいろなタイプの客に合わせて対応を変えなくてはいけないので、変化のある仕事です。医者もさまざまな症状を訴える患者に対応し、外来診療や病棟業務、手術など、日々の中で非常に変化の多い職業といえます。

仕事の締め切りを守れるか……時間感覚

「マイペース」という言葉からもわかるように、時間の感覚は個人個人で異なります。さらに、「楽しいことはあっという間」というように、状況によっても異なります。

日常では、決まった時間内にどう行動をするかを判断する「時間感覚」が重要です。なぜならば、授業も仕事も決まった時間内に行われるからです。学校も職場も始業時間に間に合わせなくてはなりません。また、「退屈な授業だけど、あと何分だからがんばろう」とか、「あと何分しかないから、急いでこの仕事を片づけよう」といったように、時間感覚と自分の実行能力を照らし合わせて行動しなければいけません。

つまり、時間感覚は、前述の遂行機能とも大きく関連するのです。

時計は読めても、五分間が自分の中でどれくらいの時間であるかという感覚が曖昧では生活の中で問題が起きますし、一方で、時間感覚がわかっていても自分の実行能力を過大評価しすぎると、時間を守れません。

たとえば、待ち合わせの時間にいつも遅れてしまう人がいるでしょう。

朝の九時にA駅で待ち合わせをしたとします。自宅からA駅までは三〇分。さらに、朝起きてから支度をするのに三〇分かかるから、八時に起きようと目覚まし時計をセットしました。ところが、いざ支度をしてみると三五分かかってしまい、その結果、予定の電車に乗り損ねて遅刻……。

これは、自分の実行能力を過大評価してしまったための失敗です。

あるいは、「A駅までは三〇分で行ける」と思っていた内訳が、駅まで徒歩五分、急行電車に乗って二〇分、電車を降りてから待ち合わせの場所まで徒歩で五分、と計算していたらどうでしょうか。駅で電車を待つ時間や、急行電車に乗れないなど予想外の事態を考慮しなかったことが悪かったのかもしれません。

これは、自分の都合に最良の選択肢しか思いつかない、行きすぎたポジティブシンキングという思考に失敗の理由があるのです。

旅行の準備を数日前からする人、出かける前日の夜遅くから始める人、仕事を締め切り日の数日前に終わらせる人、締め切り当日に完成させる人――。いずれも間に合えば結果オーライですが、私たちの時間感覚は、自分の性格や思考と大きく関係している能力であることは間違いありません。

宿題をため込む能力、一気に仕上げる能力

外来にくる中学生の女の子が、こんな話をしていました。

「英語の宿題で、毎日ノート一ページ分の英単語と英文を書かなくちゃいけないんだけど、どうしてもやる気にならなくて（笑）。結局そのまま未提出で三カ月も過ぎちゃったんだ。でも、先生が毎日毎日ノートを出せってうるさいからアッタマにきて、昨日の夜に徹夜して、三カ月分の宿題、ノート三冊分だよ!?　一気に書き上げて、今日、先生にドヤ顔で提出したんだ〜（笑）。そうしたら、先生もすっごい驚いてんの（笑）。私ってすごくない??」

発達検査では、彼女のワーキングメモリーは低い値でした。宿題をため込んでしまったのは、ワーキングメモリーの低さのほかに時間感覚の弱さ、遂行機能の弱さが原因です。そして、いざというときの過集中ともいえる集中力の高さ、超ポジティブシンキングによって一気に仕上げたのです。

これは、彼女の能力の弱さと強さが同時に表れたエピソードです。

何かができないとき、自分の能力の何が弱いのか、強いのかを、ぜひ分析してみてください。自分の得意な能力、不得意な能力を知ることが、自分の能力を最大限に発揮するためには必要なのです。

第4章

どうしたら社会で自分を活かせるのか

認知特性に合った人生の選択方法

認知特性がわかれば、夫婦仲は円満になる！

繰り返しになりますが、人には認知特性があり、同じことを聞いても、誰もが同じように理解するわけではありません。同じ結論を持っていても、同じように表現するわけでもありません。

この認知特性を理解しないと、どういうことになるのでしょう。

子育てでいうと、隣のお母さんから「とってもいい英語教室があるの。うちの子どもはどんどん英語を覚えているわ。お教室に通うのも、とても楽しそうよ」という話を聞いたとしましょう。うちの子もその英語教室に通わせてみたけれど、「まったく役に立たなかった」「教室に通うのすらイヤがってしまった」というようなことが起こりうるのです。

これは、決して不思議なことではありません。なぜならば、隣の子どもと自分の子どもの認知特性は違うからです。さらには「興味」のような非知的要因も加われば、能力の差ではなく、向き不向きでしかないのです。

また、認知特性が違えば、物事の理解の仕方が異なります。隣の子どもにとってはとてもわかりやすい教え方が、わが子にも通用するとは限らないのです。英語教室に通っても自分はちんぷんかんぷん、けれど周りの子どもは理解しているという状況の中に置かれたとしたら……。その子どもが英語を嫌いになるのは当然でしょう。

子どもの認知特性に合った教育を選べていないとしたら、本人にとって勉強は苦痛なものでしかありません。

外来を訪れた高校生が、こんなことを話してくれたことがあります。

「担任の先生は過程にはこだわらないで、答えが合っていればマルをくれるからやりやすい」

担任は数学の教師らしいのですが、本来なら方程式を書くべき空欄に、式を書かずに図やグラフを書いてもよし、文章で説明してもよしとしているようです。

試験ではプロセスを重要視されることも多いのですが、結果がすべてです。社会人になっても結果が求められます。ならば、さまざまな解き方があると知った上で自分の得意な方法で結果を出せれば、それでよいのです。

認知特性や自分の得意な能力を自覚することで、社会や家庭の中での自分の個性の活かし方がわかります。さらに、周囲の人の認知特性も知ることができたら、職場での人間関係もうまくいくでしょうし、夫婦仲も円満でしょう。

能力の高い低いもさることながら、己と周囲の認知特性を理解することが、社会で成功する秘訣なのです。

職業は認知特性とどのような関係があるのか

村上龍さんが執筆された『新13歳のハローワーク』（幻冬舎）という本がベストセラーになりました。この本は社会の構造や仕組みと価値観について、独自のエッセイを交えながら説明したものです。無限の可能性を秘めている一三歳に職業選択を意識させる内容は、非常におもしろいものです。

また、子どもの好きな教科によって職業を分類しています。これは、子どもの嗜好を教科に当てはめたのです。嗜好は認知特性とリンクする部分があるので、自分の特性を考えた上での社会意識につながるのではないでしょうか（ただし、子どもはまだ自分の気づいていない、あるいは周囲から評価されていない認知特性を秘めていますが）。

この本の中で、村上龍さんがこう述べています。

「長い人生で、もっとも重要な選択は何でしょうか。それは、自分はどういう生き方をするのか、どうやって生きていくのか、ということでしょう。どうやって生きていくのか、という問いは、どう社会とかかわっていくか、という問いと同じです」

職業は社会との関わりを持つための手段でもありますから、どのような職業に就くのかということは、人生において重要な選択の一つです。だからこそ、自分の認知特性を理解してほしいのです。すると、選択に深みが出てきます。

では、認知特性を活かせる職業にはどういうものがあるのでしょうか。ごく一部ですが、職業と認知特性、得意な能力の関係についてご説明します。

〈事例1〉生徒におちこぼれのレッテルを貼る教師

美術、体育、音楽の専門科目は別として、教師は言語優位者がほとんどです。そして、自分が日常生活で言語を使って思考していますから、生徒も自分と同じように言語で聞き、考え、発言するものと思っている先生が少なくありません。

私は認知特性の違う夫と結婚した当初、「何でこの人は相槌《あいづち》を打つばかりで何も話さないんだろう」「何でこんなに道に迷うんだろう」と、いつもイライラしていました。身内ですら認知特性の違いを不快に感じてしまうのですから、何度言葉で説明しても理解できない生徒に「おちこぼれ」というレッテルを教師が貼ってしまうのは、簡単なことです。

小学校一年生の算数「一〇以上の数」という単元の中で、次のような問題があります。

教科書での教え方

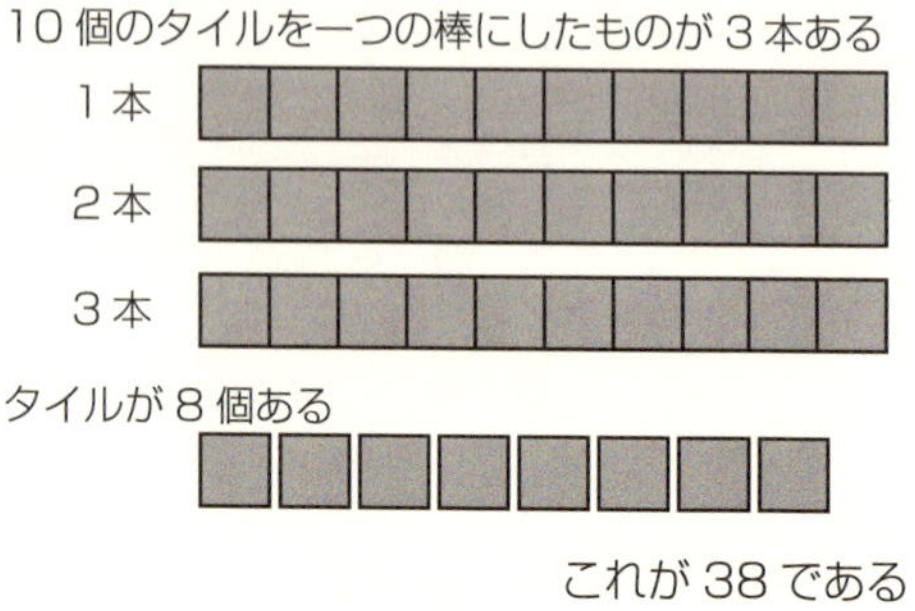
10個のタイルを一つの棒にしたものが3本ある
1本
2本
3本
タイルが8個ある
これが38である

まず、38という数の概念を教えるため、図のように、一〇個のタイルを一つの棒にしたタイル棒を三本と、残り八個のタイルを見せて、「これが38です」と教えます。

次に、算数のテストで次ページのような問題が出ます。

視覚優位者の子どもが、タイルを用いたイメージ概念で38という数字は理解できていても、このようなテストでは点数が取れません。この問題に答えられないのは、数の概念を理解していないのではなく、文章が理解できていないからなのです。

②の問題では「1が0個」というのが答えです。「1が0」と、言葉や文字で数を表現してしまうと、とたんにわからなくなってしまうのです。大人でも、この例題を理解するのは難しいものです。

算数のテストの問題

①	38は10の位が（　　　）で、1の位が（　　　）です。
②	10が（　　　）個と1が（　　　）個で30です。
③	（　　　）が1個と1が8個で18です。

答え：①3、8　②3、0　③10

小学校のクラスには、視覚優位者の子どもも、聴覚優位者の子どもも、言語優位者の子どももいますが、テストでは必ず言語を用います。そのため、言語優位ではない子どもは「成績の悪い子ども」になってしまうのです。

したがって、教師は子どもの認知特性を見極めることができると、生徒一人ひとりの可能性を大きく引き出すことができるでしょう。

〈事例2〉プレゼンが下手なデザイナー

本人には大変申し訳ないのですが、これは夫のことです。

夫は美術大学を卒業後、広告代理店に就職し、広告デザイナーとして働いています。彼の仕事は主に紙を媒体とした広告で、写真タイプの彼にとってはまさに天職のようです。

彼はカメラアイとも呼ばれる記憶方法で、瞬時に画像を視覚としてとらえ、記憶しています。三次元映像タイプと違い、写真のように一瞬で情報処理と記憶ができることが彼の特徴です。膨大な数の似通った写真が日々カメラマンからメールで送られてくるのですが、それらを次々に記憶できる。それが、彼の武器です。

彼はまさに天職に就いたのですが、その中でも苦手な分野があります。それは、プレゼンテーションです。

彼の仕事は、クライアントからの依頼をデザインし、画像として表現することです。その際にキャッチコピーをつくるのは、言語優位者のコピーライターの仕事です。そうして、彼の視覚的情報とコピーライターの言語的情報を組み合わせ、広告として世の中に発信します。

広告代理店では、クライアントへのプレゼンテーションも重要な仕事です。クライアントの意向をくみ取り、つくり出した作品をうまくプレゼンテーションするためには、コミュニケーション力が重要です。作品の意図とそれがもたらす宣伝効果をクライアントにわかりやすく伝えるためには、作品そのものやパワーポイントなどの資料による視覚情報と、それにつけ加えられる言語情報が欠かせません。

デザイナーのような技能を持つ人は、視覚優位者として作品を通じて表現するのは得意ですが、「どうしてこのような作品をつくったのか」を言葉で論理的に表現することは難しい場合が多いのではないでしょうか。

夫と営業職の同僚との電話でのやりとりを聞いていると、「ここらへんがこんな感じで」とか、「微妙な色具合にしてね」といったような曖昧な言葉が飛び交います。夫には言葉を超越したイメージが頭の中に存在するのではないかと、隣にいる私は常々思うのです。

デザイナーとして社会的に大成している人は、言語能力にも長けていると夫は言います。二つ以上の認知特性を備え持つと、その世界でほかの人よりも成功するのはうなずける話です。

〈事例３〉柔軟性がない営業マン

営業マンの大きな仕事の一つは、言葉を巧みに操り、消費者に商品をアピールし、購入を促すことです。

成功している営業マンの多くは言語優位者で、言語操作力が高い人が多いことでしょう。しかし、言語操作力が高いからといって、必ずしもすぐれたコミュニケーション力を持ち合わせているわけではありません。

数年前、新車を購入しようとある自動車メーカーのショールームに家族で出向いたときのことです。買う気があるととらえられたのか、中堅クラスのいかにも優秀そうな営業マンがやってきて、自社のクルマのすばらしさをこんこんと語り始めました。

彼は専門的な用語を並べ、どれほど性能がよいか、その性能を裏打ちする機械や部品についてまで事細かに演説し、いかに手頃な価格であるかを力説します。

夫も私もクルマは運転しますが、それほど性能にこだわりはありません。とてもすばらしいクルマであることはわかったのですが、彼の話を聞いているうちに疲れてしまい、結局購入には至りませんでした。

理路整然とわかりやすく商品の説明をしてくれた彼は、言語操作力が非常に高いと思うのですが、私たち夫婦の引き気味な空気は読めなかったようです。

さらに、彼は自分の興味、言い換えればこだわり（固執性）から、お客さんである私たちに合わせて話題を変えることができませんでした。もし、話の流れからデザイナーという夫の職業を聞き出すことができ、相手の興味に合わせてクルマのデザイン面に話題が転換できたら、結果は変わったかもしれません。

言語優位の営業マンで、さらに柔軟性が高かったら、職業や会話などから相手の認知特性を探り出し、それに柔軟に合わせることができるでしょう。すると、営業成績は自然と上がっていくのではないでしょうか。

〈事例4〉患者にうまく説明できない内科医

これは、私のことです。周囲の友人や、ここまで読んでくださった方であれば、私が言語優位であることを知っているので不思議に思うかもしれません。

しかし、いつも私のそばにいる看護師は気づいていることでしょう。

私は言語優位者であるし、自分なりには場の雰囲気や相手の表情を読むように心がけています。そんな私が患者さんにうまく説明ができない理由は、三つあります。

一つはワーキングメモリーの小ささです。何を隠そう私自身、頭の作業台が小さいので、思いつきでいろいろと話をしてしまいます。

患者さんに問診をとる際、聞いておかなければいけないことが次々に頭の中に浮かぶのですが、すべてを作業台の上に載せておくことができません。そのため、患者さんが一つめの質問に答えたら、つい間を置かずに次の質問に入ってしまいます。本来ならば、患者さんがもう少し話をしたいかどうか見極めるために少し時間を空けなくてはならないのですが、それができないのです。

気をつけていると、話を聞きながら作業台にある次の質問に「待った」をかけられるのですが、待合室に患者さんをたくさん待たせているときや疲れているときは、ついついその癖が出てしまいます。

また、ワーキングメモリーが小さいので、一つの結論にたどり着くのには、さまざまな情報を作業台に載せながら記憶をたどらなくてはなりません。そのために話が長くなってしまったり、逸れてしまったりします。さらに、いったん逸れてしまうと修正するのが難しく、結論が何だったのか、何が言いたかったのかを忘れてしまうのです。

うまく説明できない二つめの原因は、一種の換語障害とでもいうのでしょうか、「こんなことを言いたい」と思っていても、うまい言葉がなかなか出てこないのです。話している最中に「あの」「その」「それ」という曖昧な言葉がよく出てしまいます。

三つめは語の流暢性の悪さです。何かを説明するときに次々とキーワードが出てくればいいのですが、先の換語障害も手伝い、表現しやすい言葉が一つ口から出ると、その言葉に縛られてしまい、あとがうまく説明できなくなるのです。

私自身、口数も多く、考えをまとめるときに言葉を使うことがほとんどという言語優位者ですが、言語優位者が必ずしも言語能力が高いとも言い切れないのです。

〈事例５〉オペの名医は説明が下手

外科系の医師には多いかもしれませんが、手術を専門とする医師は、三次元であるからだの中の構造を立体的に把握して手術を行います。

乱暴な分類ではありますが、内科系の医師が言語を用いた「サービス職」であるとすれば、外科系の医師は建築家と同じような認知を必要とされる「アーティスト」です。そのため、外科系の医師は三次元映像タイプが多いのではないかと思っています。

イメージ力が強い点でいえば、外科系の医師は右脳優位者なので、左脳を使った言語での説明が苦手なことも理解できます。

外来では患者への説明が粗雑で説明内容がわかりにくくても、手術室では認知特性が発揮され、オペの名医である人は少なくありません。決してわかりにくい説明をする外科医の肩を持つわけではありませんが……。

私の知り合いの外科医は、個展を開くほどの絵画好きでもあります。外科医に視覚優位者が多いことからも、このような趣味や特技を持つ人が多いのは納得できる事実です。

〈事例6〉取材内容と相手の表情を記憶する記者

先日、取材である記者にお会いしました。ちょうどこの本を書いているときだったので、初対面ではありましたが認知特性について切り込んでみました。聴覚言語タイプの彼は、私の意図する質問内容に的確に答えてくれて、非常に参考になりました。

彼は、一時間ほどの取材のあいだ、ICレコーダーを回していましたが、私の目をじっと見つめたまま一度もメモを取りませんでした。取材後に、話の内容をどのように覚えたのかと尋ねると、「キーワードが耳に残っている」と言います。

「話の中の光景が、映像として頭に浮かばないか」と問うと、「話題の内容によっては映像がぼんやりと浮かんではくるが、話に集中するためにあえて映像は消して、音のみで処理するようにしている」と話してくれました。

しかし、印象的なキーワードは、話している人の表情と一緒に記憶しているというのです。

そこで私は不思議に思いました。聴覚優位者なのに、視覚的な表情とリンクして音を記憶していたからです。

よくよく話を聞いてみると、彼は学生の頃はグラフィックを学んでおり、その道で食べていこうと出版社に入社したそうです。そこで上司から「君は記者のほうが向いているのではないか」と言われ、記者に転向したというのです。

そのため、視覚的に見た相手の表情と聴覚的に聞いたキーワードがリンクするのだと納得しました。

また、彼は記者として修業するうちに、「耳と記憶がよくなり、集中力が上がった」と言います。昔なら受け流していた飲み屋での些細《ささい》な会話でも、「さっきと言っていることが違うぞ」と矛盾に気づいたり、ダジャレもうまくなったそうです。さらに、人の話を聞く集中力も非常に高くなり、取材中にまばたきを忘れることもしばしばだというのです。

言語映像タイプや言語抽象タイプは、言葉を映像や文字という視覚的な情報に置き換えるため、聴覚言語タイプよりは言葉の処理速度も遅くなります。一方、聴覚言語タイプは消えていく音から瞬時に思考・記憶できるので、話を聞くときにはより集中力が高くなるのでしょう。

彼の話から、自分の認知特性に向く職業を選ぶことも重要ですが、仕事を通して別の認知特性が鍛えられることを知りました。

そして、生まれ持った特性と新たに習得した特性の二つを持ち合わせる彼は、きっと記者として成功するに違いありません。

〈事例7〉要望通りの髪形をつくれない美容師

友人の美容師にも認知特性について話を聞きました。

予想通りではありますが、彼は三次元映像タイプでした。頭を上下に二つ並んだ三角すいと見立て、どの面から見てもひし形をイメージしながら髪形をつくっていくそうです。そのとき、視線はお客さんの頭の上にあるそうです。

美容師は、最初は平面図から髪を切っていくことを学ぶといいます。そこで、図面から建物を設計する建築家と同じかと尋ねたところ、建築家と美容師の違いは、柔軟性にあるのではないかと答えてくれました。

建築家は図面通りの建物をつくり上げるけれども、美容師は切っていく過程で頭の形に合わせて、その都度長さを調整しなければいけません。その結果、「左右で長さが違ってもよし」と思える柔軟性がなければ、仕事が進まないというのです。

また、美容師の場合、技術を積んだ後に伸び悩み、美容師を辞めていく人も少なくないそうです。その原因は、お客様の希望する髪形をつくれるようになれるかどうかといった創造性に関わっているようです。

〈事例８〉カゴに商品を入れられないレジ係

先日、スーパーマーケットで買い物をしたときのことです。一つのレジではどんどん人がはけていくのに、もう一つのレジには長蛇の列ができてなかなか進んでいませんでした。

列の先を見ると、ゆっくりとレジを打ち、打ち終わった商品を新しいカゴに入れるのに、ああでもない、こうでもないと悪戦苦闘しているレジ係がいました。さらに、想定外のことが起きると（客が商品を返したり、あとから細かいお金を出したり）アタフタしており、柔軟性も乏しいようでした。

レジ係というと主婦のパートの代名詞のようですが、これには多くの能力が必要とされます。商品の値段を打ち込んでいくには、一つの作業を淡々と、かつスピーディーにこなしていく処理能力が求められるのです。

さらに、商品を新しいカゴに詰め直していかなければいけないので、空間認知力も必要となります。しかも、客が持ってきたカゴの一番上にある商品はつぶれてはいけない商品、たとえば卵や食パン、ブドウなどが載っています。それらは最初にレジを打つのですが、新しいカゴに詰め込んだときにはやはり一番上にくるように工夫しなければなりません。相当な空間認知力が必要とされるので、視覚優位者のほうがレジ係には向いているように思います。

こんなこともありました。

近所のコンビニエンスストアでガムを一つ買ったときのことです。コンビニエンスストアでは、袋に入れないような商品には、支払いずみであることがわかるようにシールを貼ってくれますが、そのとき私は非常に急いでいたために、支払いがすんだあと、店員がシールを貼る前にガムをつかんでしまいました。

「あっ！　いけない」と一瞬思ったのですが、おそらく学生アルバイトのような彼女はシールから手を離し、「どうぞ」とだけ言ったのです。

客が急いでいることを察し、「シールを貼らなければいけない」というマニュアルから外れることをすぐに決断できた彼女は、非言語的なコミュニケーション力と柔軟性、即時判断力がすぐれていると感心しました。

誰でもできると思われているレジ係ですが、そうは簡単にいかないものなのです。

〈事例９〉ムダなく荷物を積める引っ越し業者

仕事で結果を出している人を見ると、その人の認知特性がわかります。

クルマの運転には空間認知力が欠かせません。それを専門とする職業は、道に迷っていたら仕事にならないので、三次元映像タイプの人が多いようです。

数年前に引っ越しをしたときに、引っ越し業者のお兄さんが大きなトラックを狭い道でも上手に運転していました。案の定、荷物を積むときも荷台の空間をうまく利用して行ってくれました。

時給の高い仕事の一つに電話オペレータがあります。

電話オペレータは、顔や表情が見えないお客様の要求に対し、音声情報だけを頼りに適切な回答をしなければならないので、聴覚＆音タイプに向いている仕事でしょう。聴覚的ワーキングメモリーが高ければ、言語優位者にも向いています。

また、電話オペレータは、クレーム客の対応も大変だと聞いています。だとすると、仕事を続けていくには柔軟性がなくてはならないでしょう。

クライアントの求めるウェブサイトやプログラムなどをつくるプログラマーは、三次元映像タイプの人が多いのではないでしょうか。

プログラマーは、想定もしなかったバグ（システム上の不具合）対処や、急な顧客の要求にも対応しなければなりません。プログラマー側にはまったく落ち度がなくても「この動作はおかしいのですぐに直せ」と言われたりします。直すのにどのくらいの時間がかかるのかを瞬時に判断する必要があり、あやまって日数を少なく見積もってしまったときなど、徹夜が何日も続いてしまうそうです。

もちろん、正しい判断をしても予期せぬことが起こりうるでしょうが、しっかりした時間感覚が身についていれば、最初の判断ミスを防ぐことができるでしょう。

〈事例10〉ワーキングメモリーの低い同時通訳のメリット

ワーキングメモリーはできるだけ大きいほうが望ましいと思っていましたが、知人の男性の話から、ワーキングメモリーが小さいほうが大成する職業があることを知りました。

それは、同時通訳です。

同時通訳者である彼は幼少期を海外で過ごし、英語で教育を受けて育ちました。いわゆるバイリンガルです。成人してから日本に戻り、国内で数名しかいないといわれている特殊な分野での同時通訳をしています。

同時通訳を行う場合、耳で聞いた言語を即座に他言語に変換しなければならないために、「ワーキングメモリーが小さくないと、少し前の言葉に注意が引っ張られてしまい、次の言葉が耳に入ってこない」と言います。

言語は継次処理として脳内で理解されるのですが、同時通訳の場合は耳から入った音情報を瞬時に変換する同時処理となります。耳から入るＡ言語による文章を、一度脳内で組み立て直してＢ言語に通訳しているので、一度文章を理解してはいるのですが、あとから内容について質問されると困ってしまうそうです。「そんなこと通訳したのか？」と自分でも驚くほど内容を覚えていないため、答えられないときもあるというのです。

同時通訳を職としていることからも理解できますが、彼は聴覚＆音タイプです。聴覚認知力が非常に高く、高すぎるために周囲の音情報を拾いすぎてしまうと言います。会議室で小グループごとにディスカッションをしていても、自分のグループで話していながら、即座に別グループの会話にのれるそうです。

彼はワーキングメモリーが小さいからこそ、聴覚＆音タイプという認知特性でありながらも同時通訳という仕事がやっていけるのだと教えてくれました。ワーキングメモリーが大きいと、頭の中がさまざまな聴覚情報でいっぱいになって疲れ切ってしまうというわけです。

また、ワーキングメモリーが小さい分、短期記憶から長期記憶への変換は人よりも速いと言います。ワーキングメモリーの小さい人は、捨てる情報と脳内に残す情報をすばやく振りわける能力に長けているのかもしれません。

現に、彼は「友人の電話番号はまったく覚えられないけれども、仕事上で重要な一六桁のアルファベットと数字からなるコードは一度聞いただけですぐに覚えられ、長時間経っても忘れない」と言います。つまり、重要なコードは一回聞いただけで大脳新皮質の長期記憶の引き出しに収納されるというわけです。

ワーキングメモリーを鍛えることも大切ですが、ワーキングメモリーの小さい人は、自分でも気づかない別の能力を秘めている可能性があります。そして、それを活かす職業があるのかもしれません。

そりが合わない人、ウマが合う人

夫婦が離婚する原因の一つに、「性格の不一致」があります。気が合わないのは、認知特性の違いも大きく影響しています。

夫婦の認知特性が違っていたとき、自分にはない相手の才能に惹かれますが、お互いの違いをよく理解しなければ、関係は長続きしないでしょう。

男女関係と同じことが仕事にもいえます。職場で打ち合わせをしているときに話が噛み合わない、指示した内容が部下に伝わらない、上司の指示がわからないというのも、認知特性の違いに原因があるかもしれません。

もし、互いの認知特性を理解できたら、いままで「そりが合わない」人だったのが、「ウマが合う」人になるかもしれません。お互いのマイナス面をカバーできる強力なパートナーを得ることができるかもしれませんし、仕事の能率アップにもつながるでしょう。

そこで、家庭や職場などで、自分とは異なる認知特性の人とつき合うときのポイントについて説明します。認知特性をどのように活用するかは、あなた次第です。

◉視覚優位者 vs. 言語優位者……コミュニケーションツールを工夫せよ

視覚優位者は、感覚的思考者で、情報処理をする際には同時処理を行います。一方、言語優位者は論理的思考者で、継次処理を得意とします。

感覚的思考者は主に右脳を優位に使っており、論理的思考者は言語機能をつかさどる左脳をよく使います。

この二つの認知特性は、いってみれば脳の左右のように対局している特性同士のため、互いにコミュニケーションを取るのは難しいものです。

視覚優位者が頭に浮かべるイメージは、鮮明で具体的です。たとえば、新緑の風景を思い描いたとしましょう。葉ごとに異なる色合いや木に降り注ぐ光の具合を、事細かに説明するのは難しいです。曖昧で抽象的な言語で表現するのには限界があるのです。そのため、視覚優位者は言語優位者に伝えたいことが伝わらないジレンマを抱くでしょうし、言語優位者は視覚優位者の言っていることが通じなくて憤慨するかもしれません。

この二つの特性同士は、コミュニケーションの方法を工夫しましょう。コミュニケーションの手段は言語だけではありません、言葉は誰もが持っているために手っ取り早く使われがちですが、視覚優位者にとっては不利な場合もあります。視覚優位者は写真や映像、図など、言葉を介さない手段もコミュニケーションのツールとして使うとよいでしょう。

視覚優位者の私の息子は、私が質問したことにうまく答えられないとき、広告の裏などにすぐ絵や地図を描き始めます。ときには人の顔だったり、ときには物のある場所であったり……。それでも十分なコミュニケーションになるのです。

さらに視覚優位者は、「○○の映画のあのシーンみたいなイメージ」とか「芸能人でいうと○○○○みたいな人」とたとえをあげると、自分の持つイメージを言語優位者に伝えやすくなります。

また、情報処理の形態から考えると、言語優位者が視覚優位者に話題を振るときには、まず結論から伝えましょう。そのあとで、その結論に至った事情や、選択肢などを伝えるとよいでしょう。

◉言語優位者 vs. 聴覚優位者……話すスピードに気をつけよ

聴覚優位者と言語優位者は、言語を用いる点では共通しているところも多いので、比較的相性がいいでしょう。お互いに視覚優位者を相手にするよりも、コミュニケーションを取るのには苦労しないかもしれません。

しかしながら、聴覚優位者は耳で聞く言語処理のスピードが速く、音の記憶もよい場合が多いため、話し方に注意を払いましょう。

言語優位者も言語として思考しているため、一見お互いに理解ができているように感じるかもしれませんが、じつは情報処理のスピードに差があるのです。

言語優位者は理論的思考を行うために、話のつじつまを継次的に合わせている場合があります。聴覚優位者は、相手の言語優位者がきちんと言葉を受け止め、内容を理解し、思考中かどうかを意識して話すスピードを調整しましょう。つまり、話の間《ま》にも注意を払うのです。言語優位者は、聴覚優位者のスピードについていけずに上手に話ができないときは、手紙やメールのような継次的で形に残る手段を取ったほうが有効です。

また、聴覚優位者はダジャレや揚げ足の取りすぎに気をつけてください。

ダジャレは韻を踏むという音処理を理解できなければ、意味が通じません。同じ言語思考者であっても、言語優位者は音認知が弱いため、その意味がきちんと通じないことも多いのです。言語優位者が継次的に話の意味を思案しているそばからダジャレを言われたり、揚げ足を取られたりしたら、考える気も失せ、疲れてしまいます。

◉聴覚優位者 vs. 視覚優位者……まずは結論から切り出せ

この二つの特性も対局的ではありますが、情報処理のスピードが速いという共通項があります。とくに聴覚＆音タイプと写真タイプは情報処理が速いのです。

しかし、コミュニケーションのツールが異なります。

聴覚優位者は視覚優位者とコミュニケーションを取るときは、言葉だけでなく、絵や画像、写真などさまざまな手段を考えましょう。言語優位者を相手にするときよりも、言葉の使い方、表現方法や韻を踏まないように注意を払ったほうが効果的です。

視覚優位者は聴覚優位者の音処理の速さを理解し、短くても適切な表現を選別して伝えると伝わりやすくなります。

また、聴覚優位者は言語優位者よりも同時処理の傾向が強いため、結論から述べたり、まとめから話を進めたりしたほうが、お互い理解しやすいでしょう。

認知特性は子どもへ遺伝する？

背の高い親から背の高い子が生まれることが多いように、成長面で親の影響を受けることは、誰もが知っていることでしょう。

また、知能指数、いわゆるＩＱも何となく遺伝が関与していると考える人も少なくありません。

ＩＱの遺伝性に関しては、これまで多くの議論と批判があったようですが、「遺伝的な要素もある」というのが近年の心理学者や行動遺伝学者の見解です。しかしながら、都市部の子どもや高収入世帯の子どもはＩＱが高いといった報告もあり、遺伝的な要因だけでなく、環境や学習によってもＩＱは変動するようです。

私が「ＩＱは遺伝が関与している」と考える理由は、その検査方法にあります。

じつは、この知能検査課題となる言語操作力、視覚認知力、聴覚認知力、空間認知力、記憶力などは、学習効果や男女の差も多分にありますが、持って生まれた親からの遺伝も無視できないというのが、多くの神経心理学者の見解です。

たとえば、親が子どもの頃に「九九の暗唱が得意だった」のならば、子どもも同じように得意だというケースは少なくありません。これは、親も子どもも聴覚認知力がすぐれているからといえます。

私の夫は視覚認知力が高いため、人の顔を覚えるのが得意です。そして、母親の私よりも父親の遺伝子を多く受け継いだ（であろう）息子も、夫と同様に人の顔を覚えるのが得意です。

毎日外来で子どもの発達を診ていると、認知特性も遺伝的素因が強いと感じます。

自閉症や広汎性発達障害《こうはんせいはったつしょうがい》、注意欠陥多動症、学習障害の子どもたちの認知特性や行動パターン、感覚入力などは証明することは難しいのですが、子どもたちの発達の困難さと、両親のどちらかが幼少期に抱えていた問題点は多少なりとも関連することが多いのです。こだわりが強い、人とのコミュニケーションが苦手、大きい音が苦手、神経質、落ち着きがない、ベタベタしたものに触れない、バランス感覚が悪い、衝動的、物忘れが多いといったことが問題となる子どもの場合、親もじつは子どもの頃に同じ問題を抱えていたというケースが少なくありません。

逆に、言語能力が高い子どもの親が弁護士や教員であったり、視覚認知力の高い子どもの親が建築家やテレビ関係者であったり、親の職業と子どもの認知特性の相関性からも、認知特性の遺伝は明らかであると思うのです。

自分自身、あるいはパートナーの幼少期からの発達や認知特性を振り返ると、わが子の認知特性がわかりやすくなります。次ページに子ども用の認知特性テストを入れますので、お子さんがいらっしゃる方は試してみてください。

子どもの認知特性テスト
（本田３歳式認知特性テスト）

子どもの場合は視覚優位者、言語優位者、聴覚優位者の３つのタイプにわけられます。大人であれば、簡単なテストで６つのタイプにわけられますが、子どもはそれぞれの経験によって答えが異なるため、それがかないません。

次の中から、お子さんが該当する質問の数を答えてください。

質問内容は３歳を目安にしています。お子さんが３歳以上の場合は、３歳の頃を思い出してチェックしてください。

視覚優位者（見る力の強さ）

チェック欄

- □　人見知りが強い
- □　場所見知りが強い
- □　絵本や図鑑を眺めるのが好き
- □　空想イメージにとらわれて、必要以上に怖がることがある
- □　モノを眺める、さまざまな角度や横目で眺める、クルクル回るモノが好き
- □　おもちゃを色、形、大きさなどで分類して遊ぶのが好き
- □　パズルやブロック、積み木遊びが好き
- □　電車、ミニカーが好き。車体の一部を見て、車名やメーカー名がわかる
- □　一度行った場所や道順を覚えている
- □　モノの位置や場所にこだわる

言語優位者（言葉の強さ）

チェック欄

☐ 話し始めたらおしゃべりだ
☐ よく話すが、聞き間違いや言い間違いがある
☐ 「あれ、何？」「これ、何？」と質問攻めにする
☐ 理論的な説明を理解できる
☐ 時間や時計に興味を持つ
☐ 創造や空想遊び、物語をつくるのが得意
☐ 保育園であったことを順序よく説明できる
☐ 嘘をつくことがある
☐ 場の雰囲気が読める
☐ なぞなぞが得意

聴覚優位者（聞く力の強さ）

チェック欄

☐ 遠くのサイレンなど、小さな音にもよく気がつく
☐ 大きな音や特定の音を怖がる、イヤがる
☐ 言葉を話すのが早かった（1歳より前）
☐ ひとり言を言う
☐ 生後6カ月になる前から名前を呼ぶと返事をしたり、手を挙げたりできた
☐ 大人びた表現を使うことがある
☐ コマーシャルのセリフや歌を覚えて繰り返す
☐ 歌を歌うことが好き
☐ 読み聞かせをした本のセリフを空で言う
☐ 擬音語、擬態語をよく使う

当てはまる数が一番多かったのが、お子さんの認知特性です。あなたのお子さんはどのタイプになりましたか。

テストをした結果、どれも同じような点数になってしまったお子さんもいらっしゃるでしょう。それは、バランスのよい証拠です。どれか一つが突出していなくても心配ありません。

また、視覚優位者という結果になったけれども、「うちの子は言語優位者の特徴のほうがあてはまる」という場合もあります。だとしたら、親御さんのカンのほうが合っているでしょう。

なぜならば、子どもの場合、経験によって認知特性が変化していくからです。3歳頃までは視覚が優位ですが、たくさん言葉を覚えるようになったら言語優位の特性を発揮するようになることもあるからです。

さまざまな経験を重ねることで、子どもの認知特性は発揮されるようになるのです。

第5章

得意な能力は、どのようにしたら伸びるのか

二つ以上の得意な能力を獲得する

得意な能力をプラスすれば、世界が広がる

私の周囲に実在する「頭がいい人」は、六つの認知特性のうち二つ以上（①の写真タイプと④の言語抽象タイプといったように、優位性が異なる認知特性が二つ以上）の高い特性を持っている人が大勢います。

なぜ二つ以上の得意な特性があると頭がいいのか、その理由を考えてみましょう。

たとえば視覚優位者は、言語を介さないイメージをするのが得意です。建築家なら「すばらしい家を建てよう」、デザイナーなら「独創的なデザインをしよう」、あるいは外科医なら「この方法で手術をすればきっとうまくいく」と、自分の思いをイメージすることが容易にできます。ただし、それだけでは普通の建築家、デザイナー、外科医にすぎません。

社会では常に相手が存在します。それはクライアントであったり、一般大衆であったり、患者であったりします。自分のイメージを相手に伝えるためには模型やパワーポイントなど視覚的な手助けを使うことも重要ですが、受け取る相手が同じ視覚優位者でなければ、その価値というのは見つけ出しにくい可能性もあります。そのようなときには言語がなくては相手には伝わりません。

視覚優位者がつくり出す建造物やデザイン、あるいは手術が成功すれば、それだけでもも

ちろん評価されうるのですが、もし同時に言語優位者であったのならば、相手に対してそのイメージを言語で説明・再現できるので、さらなる社会的成功につながります。

言語ができてはじめて「なるほど、そのような過程でこんなにすばらしいデザインとなったのか」とか、「腕はいい医者だと聞いていたが、説明もうまくて信用のおける医者だ」という評価につながるのです。

二つの認知特性を備える人は、一つだけの人に比べてより世界が広がります。認知特性は生まれながらの特性ですが、大人になってからでも鍛えられるものです。ただし、それには非常に高いモチベーションが必要となります。

また、認知特性とは別に、第三章で述べた能力、記憶力や継続力、秩序性、柔軟性、創造性、社会性、時間感覚などの能力が際立っている人も無敵になれます。

たとえば、記憶力が際立っている人はさまざまなクライアントの好みをすぐに覚えられるので、重宝されます。継続力が際立っている人は事務処理能力が高いでしょうし、時間感覚がすぐれている人はどんな仕事でも必ず時間内で終わらせることができるので、上司や顧客から信用を得られるでしょう。

一つでも際立った能力を身につけることができたならば、周囲からの評価にもつながります。これらの能力は、後天的に鍛えることができ、それも意識するだけでかなりの違いが出てくるのです。

「頭がいい人」になるために、自分の能力の得意不得意をしっかりと認識し、得意な能力をさらに伸ばしていきましょう。

目がいい人は、なぜ仕事ができるのか

私は、「目がいい人は仕事ができる」、そう思っています。なぜならば、脳を効率よく働かせることができるからです。

ここでの目がいいというのは、視力のことではありません。

「みる」には、「見る」と「視る」があります。

「視る」というのは「目で見た情報を認識しながら脳に伝えること」で、たんに目で見た映像を脳に映すのとは違います。「脳がモノをきちんと見ている」かどうかということです。「視る」には、まずは「見る」ための視力や眼球運動がなくてはなりません。

眼球運動には、一点を見つめ続ける「固定視運動」、動くモノを連続的に目で追う「追従性運動」、ある一点から別の一点に目をジャンプさせる「跳躍性運動」、寄り目のように両眼

球を別々に操作する「協調運動」があります。これらのうちどれか一つでもうまく働かなければ、「見る」ことに支障が生じます。

左右の目が協力して動くことで、私たちはモノを見ることができます（脳へ情報を入力する）。そして、見た情報を脳内で空間的・立体的にイメージして情報として統合し（脳内で情報処理をする）、さらに、その情報をからだで表現する（脳から出力する）という三段階のステップをクリアしてはじめて「視えている＝視知覚機能に問題がない」ということになります。

読み書きが苦手な人の中には、この三つの情報経路がうまく働いていない場合があります。文章を読むとき、一字一字の文字は読めていても眼球運動がスムーズでなければ、ぎこちない読み方になったり（読むスピードへの影響）、次の行ではなく二行先に飛んでしまったり（行飛ばし）することもあります。縦書きの文章よりも横書きの文章のほうが明らかに読みやすい人は、上下方向と左右方向の眼球運動に差があるのでしょう。

社会人になると、報告書や企画書など書類を読む機会が必ずついてまわります。読むことが上手にできれば、仕事が効率よく進むのです。

姿勢が悪い人の脳はムダな働きが多い

「姿勢がいいと勉強ができる」

これには、根拠がわからなくても納得される人が多いのではないでしょうか。子どもの頃、机につっぷした状態で勉強をしていると、「姿勢を正しなさい！」とよく注意されたものです。いまでは姿勢矯正用の椅子も売られているほどです。

では、姿勢がよいとはどういうことでしょうか。

私の「よい姿勢」というイメージは、立っているときも座っているときも、肩の力が抜け、背筋がピンと伸び、重心が左右に偏らず、からだの真ん中にある状態です。私の憶測も多分に入っていますが、重要なポイントは、からだがまっすぐであるということだと思います。

どうして、この姿勢だと勉強ができるようになるのでしょうか。

人間の脳は、左半球と右半球の脳がそれぞれの役割を果たして活動しています。左半身の動きは右の脳が、右半身の動きは左の脳がつかさどっているのは前述の通りです（六六ページ参照）。だとしたら、学習するときに左右両方の脳がバランスよく活動したほうが、効率よいはずです。

ここで着目したいのは、目の動きです。

脳が左脳と右脳の対になっているように、目も左右の対です。目からの情報は網膜《もうまく》に映り、視神経を介して脳に伝わります。右目からの情報は右の視神経が左右にわかれて左脳と右脳に、左目からの情報は左の視神経が左右にわかれて左脳と右脳に伝わります。勉強をしているときも運動をしているときも、両目の情報を左右の脳で統合し、黒板やノートの文字、ボールなどの対象物の大きさやスピード、奥行きなどを認識するのです。

たとえばノートを取っているときに、姿勢が崩れて右側に傾いて座っていると、極端な話ですが、右目がノートの文字に近く、左目が遠くになります。すると、どうなるでしょう。目から入ってくる文字という情報を正しく認識し直そうと脳が微調整をします。その調整はほんのわずかなものかもしれませんが、姿勢よく左右の目でまっすぐに均等に見ていればやる必要のない、脳にとってはムダな仕事です。

自転車や自動車を運転しているときに片目をつぶると、明らかに距離感（空間認知）がとれなくなることからもおわかりいただけると思います。脳は視覚からの情報を正しく修正するために、余計な働きをすることになるのです。

人間が本当に集中できるのはわずかな時間です。限られた時間内で効率よく学習するには、脳効率を最大限に上げ、ムダなエネルギーを脳に使わせないのが鉄則です。

靴を変えると能率は上がるか

立っているときも歩いているときも、同じく姿勢は重要です。

有名なスポーツ選手が、両腕に時計をつけることでからだの左右のバランスが悪くならないようにしていると話題になりました。「そこまでする必要があるのか」と驚かれた人は多いかもしれませんが、私は「さすが！」と感心しました。

私は外来で、子どもの歩く様子を必ず見るようにしています。私のクリニックにはアニマ社の「ウォークWay《ウェイ》」という歩行分析機を導入しており、必要のある子どもにはその機械の上を歩かせ、歩行の軌跡や足の重心移動をコンピューターで解析しています。

靴のかかとの内側、あるいは外側だけが極端にすり減っている子どもや、ベタベタと足底全体で歩く、いわゆる扁平足《へんぺいそく》の子どもには、足底にアーチをつくり、しっかりと蹴りだすための中敷きや、サイズ・形に合う靴を選ぶことをすすめます。

自分の足に合った靴を履くだけで、姿勢がよくなった、転ばなくなった、足が速くなったという効果が表れる子どもは少なくありません。さらには集中力がついた、落ち着きが出たと親が評価する場合も多くあります。子どもの足なんてあっという間に大きくなってしまうので面倒かもしれませんが、たかが靴、されど靴なのです。かかとのつくりがしっかりしていて足の形に合った靴を選ぶことが、「よい姿勢」をつくり上げ、学習効果や運動能力のベースを鍛えてくれるのです。

もちろん、大人でも靴選びは大切です。合わない靴は子どもと同様に姿勢が崩れますし、長時間履いていれば足が疲れ、血流が悪くなる原因にもなり、脳の効率も下がるでしょう。

運動神経がいい人は勉強ができるというのは本当か

スピード感やリズム感、バランス感覚がいいことは、運動神経がいい人の絶対条件です。運動神経がいい人は、自分のからだを知りつくしているのです。つまり、からだの大きさや力の入れ方、動き方などのボディイメージをしっかりとつかんでいるということです。ボディイメージは「感覚発達」がベースにあるので（三八ページ参照）、これらの能力が高いと、当然勉強にも好影響があるため、運動神経がいい人は頭がいいのです。

また、眼球運動も手先の動きや運動に影響を及ぼします。

たとえば、投げられたボールがうまくキャッチできない子どもの中には、眼球運動神経の悪さが原因というケースもあるのです。視力が二・〇あっても、向かってくるボールのスピードに両眼球の動きがついていかなければボールは取れません。あるいは、眼球はスピードについていけても、脳内でボールの位置やスピード感の情報処理ができていなければ、手が出ません。

目がいい人は頭もいいと前述しましたが、運動神経のいい人は目のよさも必要条件に入ります。

先日、あるバラエティー番組で運動神経の悪い芸人の特集をしていました。運動神経が悪いとされるお笑い芸人に各種スポーツをチャレンジさせ、その不格好さで笑いを取るという内容でした。やらせの要素もたっぷり感じられましたが、ある芸人がバスケットボールでドリブルシュートをしたとき、演技ではなく本当に運動神経が悪いと心から思いました。

ドリブルシュートは、ゴールの手前までドリブルをし、そこからステップを踏んで、ジャンプをしながらシュートを打ちます。

その芸人のドリブルは、手足の動きがチグハグで、別の動きを同時に行うことができていませんでした。そのためリズムもバラバラです。さらに、ドリブルをしながらゴールまでの距離を目で測るのですが、シュートを打ったのはゴールの下を通り過ぎてからで、距離感もつかめていませんでした。これは、自分のからだのボディイメージができていないことと、目の使い方が下手なことが原因でしょう。

その人はまた別のコーナーで、「人混みが苦手」とも話していました。これは、ボディイメージの悪さと空間認知力の低さによって、人との物理的な距離感がつかめないためでしょう。それを聞いて、あのバスケットボールは「やらせ」ではないのだと確信しました。

ここで補足しますが、運動神経の悪いその芸人が「頭が悪い」とは言っていません。彼らはテレビ番組を盛り上げる人気者です。たとえ運動神経が悪くても、頭が悪いはずはありません。彼らにはすばらしい言語力、コミュニケーション力、表現力があります。だからこそ芸人として一流になれたのです。

スポーツをすると能力は鍛えられるのか

一流スポーツ選手のインタビューを聞いて、「頭がいい」と感じたことはありませんか。

最近ではプロゴルファーの石川遼選手やプロ野球の斎藤佑樹投手などが有名になりました。彼らの運動能力はさることながら、インタビューでの堂々とした対応、ウイットに富んだコメントには脱帽してしまいます。記者からの質問に的確に答える彼らの姿は、見ていて非常に気持ちのいいものです。彼らの学校での学力成績は知りませんが、「頭がいい人」であることは間違いないでしょう。

スポーツには頭がよくなる要素がたっぷり詰まっています。ここ一番の集中力、忍耐力、判断力、チーム競技であればコミュニケーション力、スポーツマンシップにのっとった相手への礼儀、己の体力の時間配分、経験と分析に基づいた戦略……。幼い頃から屋外でからだを動かしていると、脳の基礎となる感覚を鍛えるだけではなく、さまざまな能力を育むことができます。

さて、運動能力には、歩いたり走ったりジャンプしたりといった粗大運動と、字を書く、ハサミを使うといった手先の巧緻運動（微細運動）があるといいました。

手先が器用かどうかも運動能力なので、手先の細かい作業（たとえば折り紙やあやとり、工作など）が得意な人も知的能力が高いといえます。

スポーツがからだ全体を使ったダイナミックな動きで脳を鍛えるのだとしたら、手先の細かい動きは、より繊細なからだの動きとして脳を鍛えます。これが、「手は第二の脳」といわれる所以です。

なぜ、おままごとをしてきた人は社会性が高いのか

コミュニケーションとは、複数の人間が感情や意思、情報などを受け取り合うこと、あるいは伝え合うことです。

コミュニケーションは、言葉を介する言語的コミュニケーション（verbal communication 以下、VC）と言葉を介さない非言語的コミュニケーション（nonverbal communication 以下、NVC）にわけられます。

人間が使っているNVCとは、顔の表情、顔色、視線、身振り、相手との距離間、声の抑揚などです。NVCは、VCよりも原始的ともいえますが、言葉をまだ理解できない赤ちゃんでも使える貴重なコミュニケーション方法です。

小児科で発達健診を行うと、必ず「言葉を話すのが遅い」という相談を受けます。そのような子どもを診るとき、確認するのはその子どものNVC能力です。そのために、私はまずその子の「共感性」を確認します。

共感性とは、違う人間同士が互いに同じものを感じ合えるかという、コミュニケーションの基盤となる感性です。話さなくても相手が言っていることを理解しているか、あるいは相手の言わんとしていることを理解しようとする姿勢があるかです。

たとえば、「ボール、持ってきてね」「ゴミ、ポイしてきてね」といった日常言語を理解していれば心配が一つ減ります。次に「指さし」を診ます。絵本を見ながら「イヌはどれ?」と聞いたときに、「これ」と指さしができる、あるいは「アレなんだ?」と壁の時計を指さししてみたときに、私の指先ではなく指した時計を見ることができていれば、共感性はきちんと芽生えていると考えます。

また、はじめて見る人を警戒できているかどうかも重要なポイントになります。相手の目をきちんと見ているか(アイコンタクト)、目を見なくてもその存在を意識しているかがチェックポイントです。

NVCがきちんと取れないと、言葉を話していてもコミュニケーション力が高いとは決していえません。コミュニケーション力の高い人は、言語を介さないNVCも上手なのです。

自閉症の子どもの場合、コミュニケーションの障害が中核にあります。言葉が遅いといったNVCの問題と同時に、アイコンタクトが少ない、人の表情が読み取れない、妙に馴《な》れ馴《な》れしいといった、他人との距離感の取りにくさなどのNVCの問題も抱えています。

逆に、言葉数は多く、よく話はするので言語的発達は問題なさそうだとしても、セリフの棒読みのような言い回しや感情の伴わない抑揚のない話し方、オウム返しのように言葉であっても心の思考がない場合はコミュニケーションに問題ありと判断し、自閉症を疑います。外来で診察室に入ってきた瞬間にも、その子どものコミュニケーション力を判断することができます。

通常、ドアを開けた瞬間に、部屋の中で最初に目に入って認識するのは人間です。診察室には机や椅子、時計、パソコン、本などがあふれかえっていますが、ドアを開けた瞬間にまず子どもが視線を送る先は、椅子に座っている医者か、その横に立っている看護師であってほしいのです。三～四カ月の赤ちゃんでも、コミュニケーション力が高い子どもであれば最初に人間を見ることができます。

コミュニケーション力に問題があると、診察室に入ってきたとき、まずモノに目がいき、人間を無視します。無視するというよりも、目に入っていても脳が認識しないのです。そのような場合には、自然と身についていくはずのＮＶＣを手取り足取り教える必要があります。それを「ソーシャルスキルトレーニング」といいます。

ソーシャルスキルトレーニングでよく使われる手法に、ロールプレイングがあります。ある場面を設定し、それぞれの役を演じながら、こういう場合に自分や相手がどう感じているのかを、ＮＶＣに言葉を加えながら論理的に学ばせていくのです。満員電車の中で立っているお年寄り、それを無視して座り続ける人、席をゆずる人、それを見ている周囲の人たちなど、それぞれの役を演じることで自分がどう思っていて、また他人はどう思うのかを学ぶのです。

これは、子どもが幼稚園などでやるおままごとのようなものです。しかし、おままごとを子どもの遊びと甘く見てはいけません。まさに、遊びの中のソーシャルスキルトレーニングなのです。おままごとをたくさんすることで、コミュニケーション力が鍛えられ、社会性能力の向上につながります。

周囲からドン引きされてしまう人

ここで、「内言語」と「外言語」についてお話ししましょう。

外言語が口に出して話す言葉だとすると、内言語というのは心の中で思考するときに使われる言語です。サイレントトークともいわれますが、内なるもう一人の自分の言葉です。

幼い子どもはまだ内言語が発達していないので、「あのおばちゃん、太ってるね」「あの人、パパより禿《は》げてる」と思ったことをすぐに口にし、聞いている親をヒヤッとさせることがよくあります。

しかし、「なんでそんなこと言うのっ!!　だまりなさい！」と怒って終わらせるのは、もったいない話です。

子どものコミュニケーション力を育てるのなら、小さな声で「本当にそうだね」と同感してから、「でも、そういうことを言うと、おばさんを悲しませちゃうから内緒にしてあげようね」というように、相手の気持ちを考えさせるようにするのです。このようなときは、まさにソーシャルスキルトレーニングをするチャンスなのです。

子どもに同感してやるのは、子どものコミュニケーション発達のモチベーションを削がないためには必要なことです。

内言語と外言語がきちんと発達しているはずの大人でも、ときに「それ、本人に言っちゃう？」と思うようなことを言葉にしてしまう人もいます。

そういう大人にも、ソーシャルスキルトレーニングが必要なのかもしれません。

一夜漬けは誰にでもできる能力か

記憶力の良し悪しも、頭のよさに大きく関与しています。試験で好成績を修めるだけではなく、社会人になってから仕事を次々に覚えるためにも、記憶力は欠かせません。

記憶力には、長期記憶と短期記憶（ワーキングメモリー）がありますが（一〇一ページ）、一夜漬けでテスト勉強をし、いい点数がとれる人は、ワーキングメモリーがいい人です。一夜漬けの勉強がよいことか悪いことかは別にして、一夜漬けは誰にでもできる能力ではないのです。

また、ワーキングメモリーには、視覚的ワーキングメモリーと聴覚的ワーキングメモリーがあり、就学して授業をきちんと聞いて理解するためには、とくに聴覚的ワーキングメモリーが必要です。

なぜならば、学校の授業では先生の話がどんどん先に進むからです。先生の話の中から必要な情報を選択して、不要な情報を切り捨て、その情報を短期間脳内に留め、次に何をすべきか計画を立て、行動に移すことが、教科学習を行う上で要求されるのです。だから、聴覚的ワーキングメモリーがすぐれている子どものほうが、学校で勉強するのには有利です。

その有利さは社会人になってからも続きます。社会では言葉だけのやり取りが多いので、聴覚的ワーキングメモリーが小さい人は、それを補う工夫が必要となるでしょう。

ちなみに、「聞き流し症候群」といわれる子どもたちがいます。聞き流し症候群とは、話をしている相手の目を見ず、左の耳から右の耳に情報を受け流す子どものことです。

あまりにも親や先生から口うるさく言われすぎたために、自己防衛本能が過剰に働き、聴覚的な情報をシャットアウトして、ワーキングメモリーを使わないよう、脳が学習してしまったのかもしれません。

子どもを聞き流し症候群にさせないために、大人は子どもへの言葉のかけ方、指示の出し方、注意の仕方に気を配らないといけません。

繰り返すことで記憶力はよくなる

繰り返しますが、記憶には長期記憶と短期記憶があり、長期記憶が頭の中の引き出し、短期記憶が作業台のことです。さらに、記憶する時間という点でいえば、長期記憶と短期記憶のあいだに中期記憶（あるいは近時記憶）というものがあります。

研究者によって意見はさまざまですが、短期記憶は数秒から数分程度、中期記憶は数分から数日あるいは数カ月程度、長期記憶は数週間から数十年にわたる記憶といわれています。

脳生理学的に記憶のメカニズムを説明すると、目・耳・鼻・口・皮膚などの感覚器官から入力された情報は、大脳新皮質に送られ、分析されます。分析された情報は大脳辺縁系《だいのうへんえんけい》にある海馬《かいば》という部分に送られ、一時的に蓄えられます。これが短期記憶です。

このとき、同時にまとまりのある内容として覚えなければいけない情報は海馬の周りの「記憶回路」と呼ばれる神経細胞に送られ、数日間保持され、中期記憶となります。その後、再び大脳新皮質に送られた情報は、長期記憶として長いあいだ保持されることとなります。つまり、作業台は海馬に、引き出しは大脳新皮質にあるのです。

必要だと感じられた情報は、大脳新皮質に送られ長期記憶となりますが、一時的でよいと判断されると、大脳新皮質まで送られることなく海馬で消えていきます。その情報の振りわけ作業も海馬で行われています。

海馬に選ばれ、短期記憶から中期記憶に、中期記憶から長期記憶にしなければ、一定の時間が経つと情報は消えていくのです。いうまでもなく、消えていくべき情報というのも脳の活動の中では重要です。

逆に、大脳新皮質のさまざまな場所で、さまざまな形（映像・におい・音・言語）で長期記憶されている情報を必要に応じて引き出してくるのは、前頭前野の働きです。海馬と前頭前野が活発に働けば働くほど、記憶しやすい、記憶を出しやすい脳となるのです。

もう一つ、記憶に関して重要なことがあります。言語で説明できるような記憶は海馬と大脳新皮質に残りますが、運動による記憶はまったく別のルートをたどって記憶されます。運動の短期記憶（たとえばスポーツジムでのエクササイズなど）は小脳で、長期記憶（自転車の乗り方、箸の持ち方など）は前庭覚や小脳核《しょうのうかく》といった別の場所でなされているのです。また、運動記憶は数時間から数日という短い期間で長期記憶に移行することもわかっています。

八九ページで紹介した中学生のように、知能検査のワーキングメモリーが小さくても、ダンスの振りつけは誰よりも早く覚え、確実に再生できるのは、記憶をする場所が違うためだと考えられます。

記憶力を伸ばす一〇の方法

頭がよくなるためには、記憶が非常に重要です。長期記憶がよくなれば、過去の経験からさまざまな情報を引っ張り出し、失敗しない方法を選択したり、あるいは別の視点から発想する創造性にも発展します。短期記憶がよくなれば、物事の作業効率も上がり、計画を立てて実行する遂行機能も向上し、話し上手にもなります。

では、記憶力を伸ばす一〇の方法を紹介しましょう。

①脳を老化させない

脳は、刺激を与えれば与えるほど脳細胞が増え、活性化することがわかっています。いつも新しいことにチャレンジし、それを覚えたり、思い出したり、何かに感動したり、考えたりすれば脳の神経は応答がよくなり、情報の伝達も活性化します。また、有酸素運動をすることで海馬や前頭葉の血流が上がり、脳が効率よく働くことも知られています。

②三〇分後にもう一度覚える

一度入れた情報を三〇分後に再び海馬に入れると、海馬は「重要な情報かな?」と認識し、短期記憶ではなく、中期記憶として残します。覚えておかなければいけない重要な用件などは三〇分後に再び思い出すように、アラームなどをセットしておくとよいかもしれません。

何かを学んだときは、すぐに復習すると効果的です。それを長期記憶に変換させるには、数週間後にもう一度復習するとよいでしょう。

③繰り返し覚え、思い出す

海馬は、何度も出し入れされた情報を長期記憶として選別します。ランダムな数字の羅列である自宅の電話番号でも覚えられるのは、繰り返すからです。逆に、引っ越す前の家の電話番号も長期記憶として残っているはずなのに思い出せないのは、繰り返し思い出すことをしなくなったからです。

④理解して覚える

「なるほど～」と納得して理屈で覚えたことは、長期記憶として残りやすくなります。意味もわからずに丸暗記した内容は数日経てば忘れてしまうことは、試験前の一夜漬けの経験があればおわかりになるでしょう。

⑤関連づけて覚える

年号を覚えるときに、「鳴くよ（七九四）ウグイス平安京」といったようにゴロ合わせにすると覚えやすかったという経験は誰にでもあります。それを利用しましょう。

たとえば、人の名前を覚えるときには、「黒メガネの山田さん」といったように特徴も一緒に覚えるのです。ほかの情報を関連づけると、情報同士が手を結んで作業台からこぼれ落ちにくくなり、覚えやすくなります。

⑥衝撃的に覚える

海馬は鮮烈な出来事を記憶に残します。事故に遭遇した人が事故のシーンを視覚的に覚え、フラッシュバックされることはよくあります。それは、生命に関わる鮮烈な記憶だからです。逆に、それほど鮮烈な場面でもなく、なぜ覚えているのかわからないシーンを覚えていることもあります。これは、自覚がなくとも海馬が鮮烈であると判断したためです。

衝撃的に覚えるというのは難しいのですが、いつも②、③を意識して海馬を敏感に働かせておけば、些細な記憶でも残りやすくなります。視覚優位者は視覚刺激に対して海馬が敏感なため、映像記憶として残しやすいといえます。

⑦7を意識して覚える

記憶には、「七の壁」という有名な法則があります。それは、人が記憶できるのは七秒までで、数字は七桁までというのが一般的だからです。昔は電話番号も市外局番を除けば七桁でしたし、郵便番号も七桁です。電話番号もゆっくり時間をかけて言われるよりも、テンポよくスピーディーに言われたほうが頭に入りやすいのは、「七の壁」のためです。

その限界を知っていると、⑤で述べたように情報を関連づけて覚えるときに、どの程度の情報をプラスさせればよいのかがわかります。また、記憶とは関係ありませんが、子どもや部下に指示するときもダラダラと話さず、七秒以内にすると効果的です。

⑧好きだと思って覚える

人は「正の感情」を感じるとドーパミンを放出して、脳の働きがよくなります。正の感情とは、好きだと思えることとか、ポジティブになれることです。脳だけでなく海馬も同様で、正の感情により覚えやすくなります。

気が乗らないときに英単語をいくら覚えようとしても、スペルがいっこうに覚えられなかったという経験は誰もがあるのではないでしょうか。一方、喫茶店で見かけた格好いい人（かわいい人）の顔はすぐに覚えませんでしたか。これらは、ドーパミンから考えれば当然のことなのです。

⑨ほかの感覚と一緒に覚える

目や耳などの器官を同時に使うと、長期記憶として残りやすくなります。そのため何かを覚えるときには、耳で聞くだけでなく、紙に書いたり声に出したりすることをおすすめします。メモを何度も読み返すことで記憶が繰り返されるため、より定着しやすくなります。英会話教材のCDを繰り返し聞き、一緒にリピートすることは、とくに聴覚優位者には効果のある記憶方法です。

⑩運動機能と一緒に覚える

紙に書く、音読することは「見る」という情報入力以外にも手を動かし、口を動かすことにつながります。こういった運動記憶は別のルートで記憶されますから、記憶としてより定着しやすくなるのです。

好きなことに没頭して集中できる時間を延ばす

私は「集中できることも才能の一つだ」と、両親からよく言われて育ちました。

しかし、本来、集中力がない人はいないのです。誰しも好きなことには夢中になりますし、集中できます。ただ、集中力が続く時間は、人によっても年齢によっても違います。

学校の授業がよい例ですが、小学校では四〇～四五分、中学高校では六〇分、大学では九〇分の授業が一般的です。これは、その年齢で集中力が持続するであろう目安の時間なのです。たとえ興味がないことでも小学生、中高生、大学生（成人以降）は、このくらいの集中力を持っていなければなりません。

では、集中力を鍛えるためにはどうしたらいいのでしょうか。

まずは、好きなことに思う存分没頭して時間を忘れるという感覚を身につけます。子どもであれば遊びでも、ゲームでも、スポーツでも何でもかまいません。これは大人になっても同じで、読書や映画鑑賞、趣味の時間を見つけて、思いっきり集中する時間を意識してつくりましょう。

集中時間を延ばすためには、集中が切れたということを意識することも必要です。いったん切れても、意識的に集中を持続させることはできますし、終わりの時間を決めて、「あと何分間がまんしよう」と短い目標設定をすることも大切です。

また、集中が切れたときはその原因を探ってみてください。集中が切れる原因は内的要因（自分自身の問題）と外的要因（周りの環境の問題）にわけて考えます。

内的要因であれば、自分自身の脳やからだが疲れている、モチベーションに問題がある、目標が設定されていない、そもそも対象が好きではないなどが考えられます。一方、外的要因は、気を散らす音や視覚的な刺激がある、作業時間と休憩時間にメリハリがない（時間設定が曖昧）などがあります。

その要因を意識して取り除くことができれば、集中時間は延びていくことでしょう。

スケジュール帳を活用すればやり遂げられる

「一度に一つのことしかできない」。これは、外来を訪れる多くの親御さんが子どもに対して感じている言葉で、大人になってからもこの問題で悩んでいる人は少なくないでしょう。

遂行機能が弱い人は、それを補う工夫をしましょう。

一番簡単なことは、スケジュール帳を持つということです。一日のうちにこなさなくてはいけないことを、そのスペースに書き出しておき、頻回にチェックします。できれば優先順位の高い順や時系列順に書きます。計画に関連したキーワードでもよいでしょう。そして片づけられたものは消していきます。視覚的に確認をしながら遂行機能を補うのです。

私自身も遂行機能の弱い人間です。この本を執筆するにあたり、最初に編集者から原稿を三カ月以内に書くよう告げられました。しかしながら私にとって、それは非常に難儀なものでした。文章を書くこと自体は問題ないのですが、期日内に仕上げるために、どのような時間配分で、どのくらいの文章量を書けばよいのかといったことを計画してこなすことが難しいのです。幸いにもその後編集者が、一章ごとの期日を細かく区切って提示してくれたので、発刊に至ることができました。

このように、遂行機能の度合いに応じて、自分自身あるいは周囲の人が課題の量や時間配分を調整することで、大きな課題でも期日内に成し遂げることにつながります。遂行機能がどうしても強くなれない人は、それを補ってくれるパートナーを見つけるのも手かもしれません。

理想の人を真似ることで柔軟性は高まる

第三章で説明しましたが、柔軟性と秩序性は表裏の関係にあるため、柔軟性の低い人は秩序性の高い人ともいえますが、創造性につなげることが難しくなってしまいます。

放送作家として有名な鈴木おさむさんは、自分の成功の秘訣は柔軟性であると述べています。言語優位者であろう彼は、仕事に向かうときにさまざまな視点から別のキーワードを頭に思い浮かべ、番組をつくり上げていくといいます。柔軟性とは、思考の転換です。自分自身にとらわれてしまっては、人と同じことはできても、その先を進むことができません。

柔軟性を高めるには、自分の興味の範囲を意識的に広げ、選択肢を増やしましょう。そのためには、まず人を真似てみることをおすすめします。

ミラー・ニューロンという言葉をご存じでしょうか。これは、一九九六年にイタリアの研究者が提唱した仮説です。

脳には、相手の動作を見たとき、あたかも自分も同じ動きをするかのように活性化する神経群があるというのです。ボクシングの試合を観戦している人の筋肉の動きを調べたところ、選手がパンチを出すタイミングに合わせて、観戦者も無意識に腕の筋肉を動かしているという報告もあります。誰かがあくびをするのを見て、一緒にあくびが出たという経験がある人は多いでしょう。これらは、ミラー・ニューロンが関わっていると考えられています。

サルの前で紙を引き裂く姿を見せたり、引き裂く音を聞かせたりするだけで、サルは自分がそうするときと同じ神経群が活動します。つまり、視覚的あるいは聴覚的な刺激だけでも、相手の脳と同じ部分が反応するのです。

人の脳では、たとえばイヌの鳴き声を聞いたときには、聴覚をつかさどる領域だけが活性化しますが、他人が話しているのを見たり聞いたりしたときは、聴覚だけでなく、口やのどを動かす神経の領域も活性化することがわかっています。この神経群の活性化こそが、ミラー・ニューロンだと考えられ始めているのです。

ミラー・ニューロンの活用法はいろいろとあります。これは、他人の行動を理解し、模倣し、シミュレーションをする神経システムですから、言葉の獲得も運動も巧緻性もすべてミラー・ニューロンを活用すればよいのです。

柔軟性の低い人は、まずはお手本となる人をそのまま真似て、同じように行動してみましょう。そして、その力を身につけていくのです。スポーツ選手が試合前にイメージトレーニングを行うように、他人を見て真似ることはイメージトレーニングをしていることとなります。

勉強で「正解を写す」というのも、同じように効果があります。「自分でやる前に正解を見ちゃうの？」と思われるかもしれません。単純な計算問題では確かに意味はありませんが、国語の自由記述問題などは「模範解答」を写し、そのまま真似ることで、次第に自分なりの新たな考え方が生まれ、定着していくのです。

新しいことを生むコツをつかむ

創造性が乏しい人は、柔軟性が乏しい人とも一致します。しかしながら、柔軟性があっても自分なりの新しい発想が思いつかなければ、創造性にはなりません。

創造性を高めるための四つの法則があります。それは、①判断延期、②自由奔放、③質より量、④結合改善です。これは、米国の広告会社BBDO社の社長オスボーンの考案したものです。創造するためには、その結果の是非は後回しにし、自由に思いつくままに、とにかくたくさんの発想・選択肢を出し、その後で思いついた発想のよい点を結合させてつくり上げるという手法です。

さらに、オスボーンは九つのチェックリストというものを提唱しています。九つの方法からさまざまなパターンを考えて、新たなものをつくりあげるという非常に役に立つ発想法なので、参考にしてみてください。

空気が読める人になる

共感とは、別のからだを持つ他人に自分を重ね合わせて、その人と同じように感じることです。

前述したミラー・ニューロンは、共感を育むことにも重要な役割をしていると考えられています。自分に重ね合わせるには、相手の表情を見て、声の調子を聞いて、ミラー・ニュー

創造性を高めるオスボーンの9つのチェックリスト

アイデア創出のパターン	方法	商品開発での事例
別用途	新しい利用法はないかと考える	婦人保健薬から入浴剤が生まれる
適合	手本にできるものを探す	温泉の効能を参考にした入浴剤
変更	形、色、形状、音、におい、意味を変化させたらどうなるかと考える	花の香りを加えた入浴剤
拡大	幅、高さ、長さを大きくする、おまけをつける、時間延長する、規模を拡大することができないかと考える	特大缶の入浴剤の販売
縮小	小さくする、携帯する、短くする、軽くする、省略する、分割することができないかと考える	1回分の入浴剤の販売
代用	ほかの材料、ほかの過程、ほかの場所、ほかの消費者に置き換えることができるかを考える	唐辛子成分を配合した入浴剤
配置	成分の調整、部品、レイアウト、スケジュール、配列を変えられないかと考える	新しいラベルにデザインを変更した入浴剤
逆転	役割を逆転できないか、予期せぬことはないか、意外なことはないかと考える	夏でも使える湯上がりがクールな入浴剤
結合	さまざまなアイデアや考えを結合させられないかと考える	美肌とダイエット効果のある入浴剤

ロンを働かせ、自分も同じように体験しているかのように感情を読み取ることが必要です。

共感性について、乳児の発達段階で非常に興味深いものがあります。それは、生後九カ月を過ぎる頃に乳児が覚える「バイバイ」です。

この「バイバイ」は、ただの模倣ではありません。大人がバイバイをしたときに乳児から見えるのは、大人の手のひらです。模倣であれば、乳児は手のひらを自分に向けた「反対バイバイ」の形をするはずなのですが、多くの乳児は教えなくても、きちんと手のひらを相手に向けたバイバイをするのです。

一見当たり前のように思えるかもしれませんが、これは自分の身体軸を相手に合わせて自然に反転させることができているということなのです。これこそが、相手を意識する社会性能力の第一歩なのです。

多くの場合、「バイバイはこうやってするのよ」と教えなくても、自然と子どもはバイバイを獲得していくものです。そもそも人間という動物は群れをつくって生活をしてきた歴史から、社会性というものが遺伝子レベルで組み込まれているのかもしれません。

社会性が高い人とは、すなわちコミュニケーション力が高く、相手の状況や感情を読み取ることができる人です。逆に社会性が低い人は、極端な場合には、物語を読むときに主人公の気持ちが読み取れなかったり、比喩や嫌《いや》みが理解できずに言葉通りに受け取ってしまいます。

社会性の高い人になるために、たとえば、電車の中で眠そうな人がいたら「なぜあの人は眠そうなのか」、不機嫌そうな人がいたら「なぜ、あの人は機嫌が悪いのか」などと想像してみてください。想像したところで正解が出るはずはありませんが、相手の状況を知ろうとする、読み取ろうとする姿勢を身につけることが大事なのです。

男性は言葉の行間を読むのも、表情を読むのも、相手の声の調子やボディランゲージに気づくのも女性に比べて鈍いといわれています。男性はぜひ恋人や妻の表情を見て、相手の気持ちを想像してみてください。

能力が発揮される順番とは何か

能力の伸ばし方について述べましたが、人間の思考・行動において基本的なことがあります。それはどんなに高い能力があっても、能力が発揮されるには順番があるということです。これは、どの認知特性の人も同じです。

リハビリテーション学には、「神経心理ピラミッド」という理論があります（二〇五ページ図参照）。

『前頭葉機能不全　その先の戦略』（立神粧子著／医学書院）によると、神経心理ピラミッドは脳外傷や脳出血などによって脳の前頭葉を損傷してしまった患者さんの認知機能の回復を図るためにつくられたものです。

前頭葉は、思考や行動をつかさどる部位です。人の能力の多くは前頭葉が関与しています。この機能回復を図るということは、つまりは能力を上げるということなので、神経心理ピラミッドという理論はすべての人に当てはめることができるのです。

主に認知リハビリテーションで使われている神経心理ピラミッドですが、仕事などの日常的な場面にも適応できるように私なりに解釈し、説明をしましょう。

まず、このピラミッドには記されていませんが、一番の根底にあるものは、「全身状態」ではないかと思います。つまり、食事や睡眠などのリズムがきちんとできていて、元気なからだを持っているということです。栄養の偏りや睡眠障害があっては、脳の機能は十分に発揮されませんから、勉強でも仕事でもすべての効率が悪くなってしまいます。

元気なからだが基本にあり、その上で次のような神経心理ピラミッドの順番で人は能力を発揮していくのです。

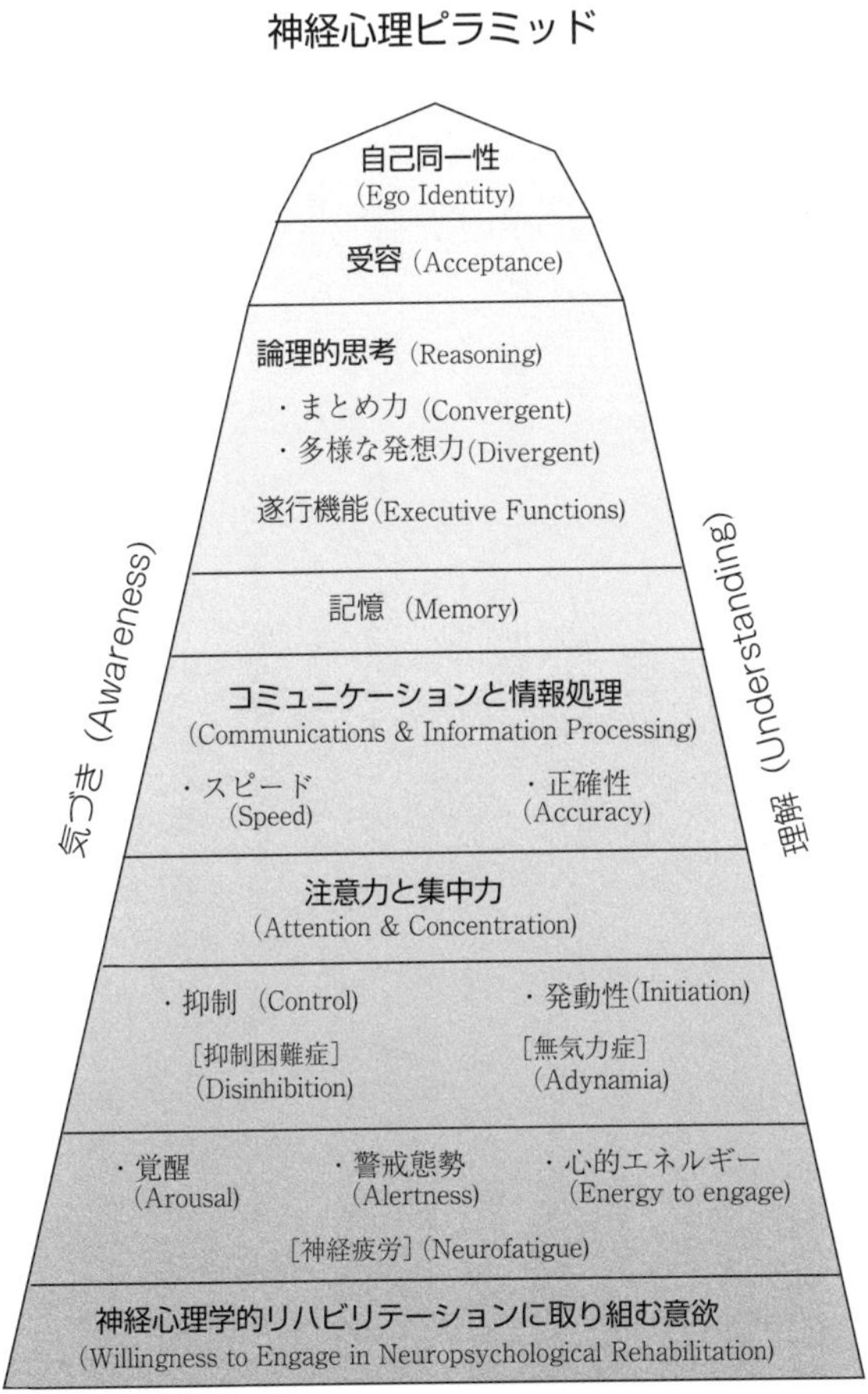
神経心理ピラミッド
自己同一性
(Ego Identity)
受容 (Acceptance)
論理的思考 (Reasoning)
・まとめ力 (Convergent)
・多様な発想力(Divergent)
遂行機能(Executive Functions)
記憶 (Memory)
コミュニケーションと情報処理
(Communications & Information Processing)
・スピード
(Speed)
・正確性
(Accuracy)
注意力と集中力
(Attention & Concentration)
・抑制 (Control)
[抑制困難症]
(Disinhibition)
・発動性(Initiation)
[無気力症]
(Adynamia)
・覚醒
(Arousal)
・警戒態勢
(Alertness)
・心的エネルギー
(Energy to engage)
[神経疲労] (Neurofatigue)
神経心理学的リハビリテーションに取り組む意欲
(Willingness to Engage in Neuropsychological Rehabilitation)
気づき (Awareness)
理解 (Understanding)

資料：『前頭葉機能不全　その先の戦略』（立神粧子著／医学書院）

①取り組む意欲……元気なからだを持っていても、意欲がなければ脳は働きません。

②覚醒と心的なエネルギー……神経疲労という言葉がありますが、からだが元気で意欲はあっても、神経（精神）が疲れてしまっている状態では脳機能としてはきちんと働けません。精神的に元気ということは、心的なエネルギーがきちんとあり、脳がきちんと覚醒《かくせい》して（起きて）いて、物事を見つめる目を持っているということです。

③抑制と発動性……抑制とは、自分の持っているエネルギーを過剰でも過小でもなく適度にコントロールする力で、発動性というのは行動することです。そのため、ピラミッドには書かれていませんが、衝動性はここに位置します。元気なからだと精神、そして意欲が整ったところではじめて脳は動き出し、行動へとつながるのです。

④注意力と集中力……物事に対して注意や集中を向けることができて、情報は認知されます。視覚的ワーキングメモリーや聴覚的ワーキングメモリーのほか、言語操作力や数操作力、推論力、空間認知力、視覚認知力、聴覚認知力といった物事を認知する能力が働くには、注意力と集中力が必要です。

⑤コミュニケーションと情報処理……注意力と集中力を持って情報を認知したら、それを適

正な早さと正確さをもって処理します。また、情報は自分だけではなく、周囲とのコミュニケーションを持って伝達しなければなりません。処理能力や一般常識、社会性はここに位置します。

⑥記憶……これまでに蓄積された経験記憶のことです。経験記憶は何かのときに思い出さなければ能力とはなりません。蓄積された経験記憶が活かされるのは、情報を処理された後になります。

⑦論理的な思考と遂行機能……情報を認知し、過去の記憶と結びつけていくことで、高次な脳機能である論理的思考、つまり、まとめたり発想したりすることが可能となるのです。同位置に遂行機能が位置づけられていますが、これは、目標を決め、必要な情報を整理し、計画し、段取りを考え、処理（実施）し、さらにその結果を確認するという一連の作業を円滑に行うための機能です。遂行機能には、規定のルールに従う秩序性や柔軟性を持つこと、さらに内省する機能も必要となります。創造性、継続力、時間感覚もこの位置です。

論理的思考力と遂行機能までが、人の認知機能の構造といえます。

神経心理ピラミッドは脳損傷の患者さんに使われているため、頂上には、受容と自己同一性が位置しています。受傷による自己の認知の変容や制限などの障害を受け入れる、さらに障害がある自分を認めるという意味で受容と自己同一性は用いられています。

さて、このピラミッドの左斜面には「気づき（Awareness）」、右斜面には「理解（Understanding）」という文字が書かれています。下位項目から上位項目に向かって気づきと理解が増すほど、上位項目への意識や能力が高まるという意味です。

何かにつまずいたときの原因の探り方

神経心理ピラミッドがピラミッドの形をしているのは、下位の機能に問題があると、その上位にある機能もつまずくこととなり、逆に上位の機能のつまずきは、その機能の問題だけではなく、その下の機能に問題が隠れている場合があるともいえるからです。

たとえば、段取りが悪くて仕事の作業がなかなか片づかないのは、段取りが悪いことだけが問題なのではなく、その下位にある集中力が足りなかったり、あるいは作業記憶が悪かったり、そもそも基盤となる意欲を持っていないことが原因である可能性まで考えなくてはなりません。情報処理に問題なくとも、意欲や集中がなければ作業がはかどらないのは、当然といえば当然です。

日常生活の中でこのピラミッドの構造を意識すると、どこに問題があるのかを探れるのではないでしょうか。認知機能の根底にあるのは丈夫な心とからだです。そして、自分の認知構造にきちんと気づき、理解することが重要です。

すべては「やる気」が左右する

話は変わりますが、私の娘の「オムツはずし」のときのことです。

娘の場合、オシッコよりもウンチのほうで早く自立しました。二歳半を過ぎた頃から、ウンチはトイレでするということを覚えたのです。その頃には日中のオシッコの間隔も延び、朝もオムツが濡れていない日が多くなり、「オシッコ〜」と宣言した上でオムツにオシッコをするようになりました。

尿意・便意の内臓感覚も発達し、尿量を調整する脳内のホルモンも成熟し、膀胱《ぼうこう》も尿をある程度の量まで貯められるほど大きくなり、「排泄はトイレでするもの」という認知能力も備わり、オムツはずしの準備は整っていたのです。

けれども、促しても促してもなかなかオシッコをトイレではしませんでした。私の小児発達的な見地からは理解不能な状況です。

それから数カ月が経ち、三歳のお誕生日に娘は突然「三歳のオネエサンになったから、今日からオネエサンパンツ（子ども用の普通のパンツのこと）を履く！」と言い放ち、自らオムツを脱ぎ捨て、引き出しの中で出番を待っていたオネエサンパンツを引っ張り出して履き替えました。その日から、私がトイレを促すこともなくなり、昼も夜も失敗することなく過ごしています。

親が何度トイレに誘おうと、最終段階である行動を統制するための「意欲」が起こらなければ、能力がいくら整っていてもできないのだと、身をもって教えられました。

これは大人にもいえることです。面倒な仕事はつい後回しにしてしまいがちですが、「よし、今日中に仕上げるぞ！」と心に決めてから取り組むと、集中力が発揮されて、効率よく仕事が片づいたりします。神経心理ピラミッドを見ても、「意欲」は下段にあります。結局はやる気がすべてなのです。

誰もが自分の好きなことであれば、やる気は生まれます。では、乗り気でないことでもやる気を生み出すにはどうしたらいいのでしょうか。

ご褒美があるとがんばれるか

ここからは、能力を伸ばすときに絶対に欠かすことのできないモチベーションについてお話ししましょう。

さて、「報酬」という言葉から何を連想するでしょうか。

報酬とは簡単にいえば、ご褒美《ほうび》のことです。

大人の場合であれば、一番わかりやすいのは、お金でしょうか。必要な作業（仕事）をすれば、その対価としてお金がもらえます。対費用効果という言葉もあるように、社会の仕組みの中でお金というものは非常に重要な価値です。

子どもの場合は、大人と同じようにお金のほか、おもちゃやお菓子といったモノもあります。動物であれば、えさがご褒美になるでしょう。

お金やモノ以外の報酬には何があるでしょうか。

それは、社会的報酬です。

社会的報酬とは、周囲から認められたり褒められたりすることを指しますが、大人であれば地位や名声もこれに当たります。子どもなら親や教師、動物であれば飼い主や調教師に褒められることが社会的報酬となります。場合によっては、物理的な報酬よりも大きな価値となります。

行動とそれに対する報酬との因果関係がわかる、ある一定の知能を持つ生き物であれば、何かをしてその結果報酬が得られると、その行動を繰り返します。心理学的には報酬のことを「強化子《きょうかし》」といい、強化子によって行動が「強化」されるという表現は、行動分析療法でよく用いられます。

何らかの行動に対してそれ相応の報酬があるということは、神経心理ピラミッドの根底にある「やる気」を引き出すことができるのです。

脳内麻薬ドーパミンを活用できるか

難しい説明は専門書にゆずりますが、脳の中には、「ドーパミン」という物質があります。ドーパミンは脳内麻薬といわれることもあり、「楽しい」「おいしい」「うれしい」といった快感や興奮のような「正の感情」を持つことで、脳のさまざまな部位から分泌されます。

このドーパミンが脳内へ放出されることで、思考や記憶、運動をつかさどる脳の部位がよく働くようになるということは、脳生理学的に明らかになっています。つまり、楽しいことや気持ちのいいことをすると脳がよく働くのです。

生き物は報酬を受けたときに、正の感情が起こります。モノでも金銭でも社会的報酬でも、受け取る人が正の感情を持てば、ドーパミンが放出されるわけです。

報酬は自分が期待した以上であればあるほど、より多くのドーパミンが分泌されることがわかっており、それによって知能にかかわる神経ネットワークがさらに強化されるということもわかっています。

では、報酬がないと正の感情が起きないのかというと、そうではありません。

動機づけ、すなわちモチベーションというものが最終的に人の行動を支配するのですが、動機づけには、報酬と大きく関係する「外的動機づけ」と、報酬とは無関係の「内的動機づけ」という二つがあるからです。

報酬が物足りなくてはがんばれない

報酬の価値は、その報酬を受け取る人によって変わります。

ある人にとっては一〇万円は大きな報酬になるかもしれませんが、ある人にとっては小さな報酬となってしまうかもしれません。報酬の価値観は、報酬を受けたときの正の感情に大きく影響します。報酬の価値が低ければ、与えられてもうれしくないので、脳は活性化されません。つまり、やる気が起こりにくいのです。

報酬による外的動機づけは、やる気を起こさせるためには重要な役割を果たすのですが、それだけでは人によっては効果も不十分であり、不確実なものともいえます。

一方の内的動機づけというのは、好奇心や知的な関心によって起こるもので、賞罰には依存しないものです。何かのためでなく「その行動をすることに意義を見いだして行動する」ときは、内的動機づけによる行動となります。

子どもは生まれながらに「新しいことを知りたい」という欲求が強く、知的好奇心が活発であるために、大人から見るとバカげている遊びや行動にいつまでも熱中することができます。大人でも一銭の得にもならない趣味に没頭するのも、この内的動機づけによるものです。

一般的に内的動機づけに基づいた行動は、外的動機づけに基づいた行動よりも、効率的で継続的、かつ質の高い行動を取ることができ、その上「楽しい」という正の感情を伴います。

つまり、報酬がなくても脳内にドーパミンが放出されるのです。報酬には価値観や脳の反応性というものが影響しますが、内的動機づけによる行動は自発的なものであり、人間誰しもが欲する自己決定感や有能感というものを得られるのですから、行動の質が高くなるのはうなずけます。

もちろん、外的動機づけと内的動機づけは、一人の人間の一つの行動の中で共存しうるものです。「目標としている大学に合格したいから勉強する」というのは、大学に受かるという外的動機づけではありますが、自分自身が選択し、行動している場合には、内的動機づけによる行動と同程度の質の高い行動になることがわかっています。

仕事においても、お金や地位、名声のためだけではなく、仕事自体を楽しいと思えたり、「お金」には代えられない意義が見いだせると、仕事の質が上がり、その結果として成功を収めることができるのです。給料のために働いているという状況では給料分の仕事しかできませんから、仕事の質も落ちてしまいます。

仕事に対していかに意義を見いだせるかが、モチベーションを生み出すカギなのです。

達成したときの快感を自分で得る

それでは、モチベーションを維持するためにはどうしたらいいのでしょうか。

「そこに山があるから登るのだ」という名セリフがあります。これこそが「達成動機づけ」です。

人間には自分の力の水準よりも少し高い目標を達成したいという欲求が存在し、これによって行動が決まるといわれています。達成したいという欲求は、チャレンジ精神といってもいいかもしれません。自分にできるか、できないか、課題としてやさしすぎず、難しすぎないちょうどよい目標設定というものが、達成動機づけを起こします。

この達成動機づけは誰もが持っているので、目標をうまく設定するだけで生まれるものです。

しかし、達成動機づけというのは、「成功願望」と「失敗恐怖」の二つの側面から構成されている能力ギリギリの課題ですから、「成功すればうれしい」「けれど失敗はしたくない」という二つの感情を引き起こします。成功願望が失敗恐怖に打ち勝つことができないと、行動には移せません。そのためには、「成功すればすばらしい」「けれど失敗しても大丈夫だ」「失敗して当然だ」というように思う必要があるのです。

この二つの感情は、その人の持つキャラクター（たとえばネガティブ思考やポジティブ思考）のほかにも、周囲の期待感や評価も大きく影響します。周囲の期待が高ければ失敗恐怖のほうが上回りますので、なかなかチャレンジすることができません。

何かの行動に対して出た結果には、その人の能力と努力、あるいは問題自体の困難性と偶然性という四つの要素がありますが、達成動機の高い人は、成功しても失敗しても、その結果の原因は自分にあると考えます。たとえば、「自分に能力があったからだ（なかったからだ）」とか「努力したからだ（しなかったからだ）」といったように思うのです。一方、達成動機が低い人は、「問題が簡単だったからだ（困難だったからだ）」とか、「偶然うまくいった（うまくいかなかった）」と、原因は自分以外にあると考えがちです。

テストでいい点を取ったときや仕事がうまくいったときに、どのようにその結果をとらえるかによって、次の行動へのモチベーションも変わってくるのです。

何かを成し遂げたとき、「あれだけがんばったから報われたのだ」と思えるようになれば、モチベーションを持続させることができるでしょう。

あとがき

「診断をつける」ことは、病院が果たすべきの役割の一つです。しかし、クリニックを訪れるさまざまな問題を抱える子どもたちとその親に、私はこう告げます。「診断をつけることは重要でない」と。

もちろん、子どもたちが持っている問題によって、社会（幼稚園や学校、あるいは家庭）とうまく折り合いがつかない場合には診断をつけることが必要であると考えています。しかしながら、その場合もあくまでも「診断名」でしかないのです。大切なのは診断名による画一的な支援ではなく、その人自身を見守ることなのです。

何らかの問題があったとしても、周りにいる親や教師、友人や同僚が、その人の特性を知り、認め、折り合いをつけてくれれば、「診断名」は必要ではなくなるのです。

最近では「障害」の「害」という漢字が不適切であるとして「障がい」と表記をする場が

増えてきました。
障害は決して「害」ではありませんが、小児発達を専門にして一五年近く経ち、逆に時間が経てば経つほど、多くの子どもたちに会えば会うほど、「障害」なのか「個性」なのかと悩むようになりました。

私自身、いままでの人生を振り返り、家庭や学校、あるいは社会できちんと適応し、周囲と折り合いをつけていたかと考えると、そうではなかった気がします。ときには親とケンカをしたり、友人から無視されたり、同僚に腹を立てたり、誤解をされたり、いろいろな壁がありました。けれども、そのような一つひとつの経験はとても大切であり、すべてが自分の人生の糧となってきました。
ただ、もう少し自分自身と相手の特性や能力をよく知っていたとしたら、避けられた壁も多くあったのではないかと最近では思います。

社会や学校で「ちょっと変わった子」と考えられている多くの子どもたちと会い、認知特性のまったく違う夫や子どもと暮らし、誰もが自分と同じように考えたり感じたりするのではないことを理解できるようになりました。

学校でよい評価を得られる子どもと社会で大成する人の共通点は、自分の特性をよく理解し、最大限に活用している人なのだと思います。自分を知り、認め、選択し、適応させる、それができる人こそが「頭がいい人」です。

さらにいえば、相手のことを知り、認め、自分から相手に適応していくことも「頭がいい人」にはできるのです。

この本を通じて、あなたがあなたの中にある「自分のすばらしさ」に気づき、あなたの隣にいる人の中にある「その人のすばらしさ」に感謝できる、そんなお手伝いができたら本望です。

二〇一二年六月

本田　真美

本田真美（ほんだまなみ）

1974年東京都生まれ。医学博士、小児科専門医、小児神経専門医、小児発達医。東京慈恵会医科大学卒業後、国立小児病院、国立成育医療研究センター、都立東部療育センターなどで肢体不自由児や発達障害児の臨床に携わる。世田谷区にニコこどもクリニックを開業し、2016年1月まで院長を務める。2016年4月からは、みくりキッズくりにっくを開業。さまざまな援助を必要とする障害をもつ子どもを診療している。著書に『頭のいい子は、3歳からの「遊び」で決まる！』（PHP研究所）などがある。

医師《いし》のつくった「頭《あたま》のよさ」テスト　認知特性《にんちとくせい》から見《み》た6つのパターン

2012年6月20日初版1刷発行
2016年2月15日　8刷発行

著　者 ―― 本田真美
発行者 ―― 駒井　稔
装　幀 ―― アラン・チャン
印刷所 ―― 堀内印刷
製本所 ―― 関川製本
発行所 ―― 株式会社光文社
東京都文京区音羽1-16-6（〒112-8011）
http://www.kobunsha.com/
電　話 ―― 編集部03（5395）8289　書籍販売部03（5395）8116
業務部03（5395）8125
メール ―― sinsyo@kobunsha.com

JCOPY 〈(社)出版者著作権管理機構 委託出版物〉
本書の無断複写複製（コピー）は著作権法上での例外を除き禁じられています。本書をコピーされる場合は、そのつど事前に、(社)出版者著作権管理機構（☎ 03-3513-6969、e-mail : info@jcopy.or.jp）の許諾を得てください。

本書の電子化は私的使用に限り、著作権法上認められています。ただし代行業者等の第三者による電子データ化及び電子書籍化は、いかなる場合も認められておりません。

落丁本・乱丁本は業務部へご連絡くだされば、お取替えいたします。
© Manami Honda 2012 Printed in Japan ISBN 978-4-334-03689-8

585
孫正義　危機克服の極意
ソフトバンクアカデミア特別講義

孫正義氏が直面した10の危機を取り上げ、どう乗り越えたかを解説。ベストセラー『リーダーのための意思決定の極意』の第二弾。第二部はツイッターを中心とした孫氏の名言集。

978-4-334-03688-1

586
医師のつくった
「頭のよさ」テスト
認知特性から見た6つのパターン

本田真美

「モノマネは得意?」「合コンで名前と顔をどうおぼえる?」「失くし物はどう捜す?」…35の問いで知る認知特性が「頭のよさ」の鍵を握る。自分に合った能力の伸ばし方がわかる一冊。

978-4-334-03689-8

587
「ヒキタさん! ご懐妊ですよ」
男45歳・不妊治療はじめました

ヒキタクニオ

精子運動率20%からの出発…45歳をすぎ思い立った子作りで男性不妊と向き合うことになった鬼才・ヒキタクニオの、5年の懐妊トレの記録。角田光代氏も泣いた〝小説のような体験記〟。

978-4-334-03690-4

588
ルネサンス　歴史と芸術の物語

池上英洋

15世紀のイタリア・フィレンツェを中心に、古典復興を目指したルネサンス。それは何を意味し、なぜ始まり、なぜ終わったのか——。中世ヨーロッパの社会構造を新視点で解く。

978-4-334-03691-1

589
ただ坐る
生きる自信が湧く　一日　15分坐禅

ネルケ無方

悩みの多い現代人は常に〝考え〟ていて〝頭でっかち〟。坐禅という「考えない時間」をつくることで、一日の内容から、人生そのものまで変わる！　今日から始める坐禅の入門書。

978-4-334-03692-8